告白

岐阜・黒川
満蒙開拓団73年の記録

川恵実
NHK ETV特集取材班

プロローグ

佐藤ハルエさんとの出会い

2016年8月——。

私は、NHK岐阜放送局2年目のディレクターとして、地域放送番組企画の取材を続けていた。東海地方で放送される8分程度の企画だ。締め切りが目前に迫る中、局に届いていた1冊の写真集に目が留まった。

『開拓 ひるがの』——岐阜で活動されている写真家の八木正司さんという方がつくった写真集で、番組で紹介してほしいと局に届いていたのだ。

それは、岐阜の山間部、冬はスキー客で賑《にぎ》わう「ひるがの高原」を戦後に開拓した人たちを写したものだった。午前3時から大根を掘る人や酪農で生きる人など、力強く暮らす人々の姿がそこにあった。なんでも「ひるがの」の名の由来は、その場所がかつては蛭《ひる》しか棲《す》まないほどに荒れた土地だったからだという。

写真集をめくるうち、ひとりの女性の顔に惹《ひ》きつけられた。

佐藤ハルエさん・86歳の頃
八木正司写真集『開拓 ひるがの』より

60年続けてきた酪農を2011年に廃業したという女性。

佐藤ハルエさんというらしい。

牛舎に佇《たたず》む姿とその瞳の奥に、この地で生きてきたことへの誇りのようなものを強く感じて、私はすっかり魅了されてしまった。

さらに、写真集に添えられた「……開拓団を守るため、11人の若い娘が、団の指示で犠牲になった」という一文も気になった。

私は、その週末に、ハルエさんが暮らす、ひるがの高原を訪れた。岐阜からでも車で2時間弱はかかる山間の土地だ。集落に入り、写真集『開拓 ひるがの』を手に、そこに写る人々を訪ね歩いた。

ハルエさんのことも聞いてみたが、地区の中心地から少し離れた場所に住んでいるという。教えてくれた女性は、「道なき道やよ」と言いながらも、詳しい手描きの地図を描いてくれた。道は舗装されていないけれど、そこに住んでいらっしゃるはずだという。

教えてもらった地図を持って山道を登っていくと、なるほど、ポツンと牛舎が見えた。その奥に、住まいであろう民家も見えてきた。敷地が広すぎて、どこに車を停めるべきか……と思っていたら、庭の草花のあいだから、ひょっこりと女性が現れた。

「あの……佐藤ハルエさんですか？」

「はい、そうですが――」

「あの……NHK岐阜放送局の者なんですけど、開拓のお話を聞かせていただきたくて、あの、この本を見てきたんですけど……」

普通、こういったアポなし訪問は、あまり歓迎されない。逆の立場だったら、そりゃそうだろうと思うのだけれど、「ちょっと主人がいないから……」とか「耳が遠くて……」とか、いろいろ不都合なことがあって、取材は後日になってしまうか、断られることも多い。

けれど、このときのハルエさんは違った。

「……ああ、開拓の！　そりゃあ、まあ遠くからご苦労なことで。どうぞ、上がってください。車はそこらへんに停めて。こっからお上がりくださいな」

これまで経験したことのない歓迎ぶりに、少々とまどってしまった。ふらりと訪れた私をこんなに歓迎してくださるなんて、いったい、どういうことなんだろう。

「あの……この、ひるがのっていう場所が戦後に開拓されたって聞いて、今や観光地としてすごい場所ですけど……。その、もともとは蛭しか棲まないような土地だったとかで、ここを開拓されたというのはすごいご苦労があったんじゃないかと思って、それで、そのときのお話を聞かせていただけたらと思いまして……」

もごもごと話す私に、ハルエさんは立て板に水のように話し始めた。

「もう開拓者も少のうなりましてねぇ。今では開拓の苦労を話し合える人は、みんなおらんようになってしまったんですよ。そんでも、まあ、ここの開拓なんぞ、あの頃の苦難を思えば、どんなことでも耐えられましたね」

「あの頃の苦難っていうと……?」

「満州の開拓ですよ。私らは犠牲になったんですよ。15人ばかりおりましたかねぇ……。(兵隊さんの)奥さんには頼めんで。あんたら娘だけは、どうか頼むと言われたんです」

「えっと、あの、犠牲っていうと……?」

「終戦になってね、私らが住んどった場所に、物盗りがばーっと来たんですよ。それで、私らはどうしても日本に帰りたいって。生きるためには、ソ連の兵隊に、命を守ってもらわにゃならんとなって。そこを切り抜けるには、私ども交代交代にね。どうか頼むって、副団長から言われてね。仕方がないから涙をのみました」

……昼下がりの、おだやかな日光が差し込む居間で聞くにはあまりにも辛《つら》い、それは、私の想像を絶する体験だった。


佐藤ハルエさん。終戦当時、20歳。

650人が参加した岐阜県の黒川開拓団第二陣の一員として、1943年に旧満州(現在の中国東北部)に入植。しかし、終戦後、開拓団は孤立し、食料はなく、満州で暮らしていた中国人からの襲撃にあい、死線をさまよう。

そこで開拓団は、生き延びるために、ハルエさんを含む15人の未婚の女性をソ連兵に差し出し、「性の接待」を行ったのだ。代わりに、村の護衛などを依頼し、食料なども もらい、ソ連兵との関係を続けることで、1年間生き延びることができた。6 5 0人いた開拓団のうち約4 5 0人が、日本に帰国することができたのだという。

私は息をのんでその話を聞いていた。

ひるがのは、8月の岐阜とは思えないほど、涼しい。縁側から入ってくる心地よい風が、目の前で話されているあまりに壮絶な話を受けとめる思考を停止させようとしている。

気がつけば5時間、日は暮れかけようとしている。

「お風呂、沸かさにゃならん」

ふいにそう言って立ち上がると、ハルエさんはお風呂を沸かしにいった。

「電気もガスもきてるんだけど、今でも風呂は薪《まき》で焚《た》くんです。私の担当」

そう言って、薪をくべ、山から引いてきた水で風呂を焚く。

ハルエさんは息子さん夫婦と同居しながら、風呂焚きや朝食づくり、畑仕事もこなす。

90歳を過ぎているハルエさんからは、人間が生きることのたくましさを感じた。

私は、「また来ます」と言っておいとました。


それからハルエさんの家に何度行ったか、もはや覚えていないほど、よくよく通った。

ハルエさんは、いつも、自分の人生をすべて話してくれた。

「ぜんぜん、恥ずかしいとは思いません、私はなんでも話します」

それはどれも、言葉を失うほどの、体験だった。

しかし、そんなハルエさんの話を放送を通じて伝えてよいのか……、私は二の足を踏んでいた。もしかすると、この話を伝えることで、ハルエさんにとって不利益なことが起きるかもしれない。番組の企画として進めることができないまま、月日が過ぎた。


あるとき、私はハルエさんに、聞いてみた。

「なんで、私にその話、してくれるんですか？」

佐藤ハルエさんが暮らす、ひるがの高原にて。
大地に根ざし、天に向かってしっかりと咲く
白い野の花が、ハルエさんを思わせた。

撮影=川 恵実

ハルエさんは、即座に言った。

「だってあなた、世の中に伝えることができる人でしょう」

その目は凄《すご》んでいた。

敗戦以来72年間、積もらせてきた決意と、私などに出会うよりももっと前から固まっていた「この話を伝えなくては」という確固たる意志を思わせた。


私はようやく、決心がついた。


そうしてできた番組が、2017年8月5日に放送したNHK ETV特集「告白～満蒙開拓団の女たち～」だ。佐藤ハルエさんに出会ったことで始まったこの取材は、その後、多くの開拓団関係者の方々との出会いにつながり、さらにお話を聞くことができた。

戦争。そこで、何が起きるのか。その実相を知ってほしい。

悲しみは、くり返さないでほしい。

その思いで、思い出したくない過去と向き合い、取材に応えてくださったのだと思う。

放送から2年半がたったが、この本には、その取材の過程で起きた出来事や番組では伝えきれなかったこと、新しい証言、その後の人々の姿を書き残していきたい。

もし今が、「戦前」だとするならば、この戦争を止められるのは、告白をする女性たち、そして、取材を受けてくださったこの人たちの言葉だと、思うから。

人々の未来への「告白」を届けたい。

NHKディレクター　川　恵実

目次

告白

岐阜・黒川 満蒙開拓団73年の記録

III 歴史を遺す

＊本書の漢字表記は、原則として新字体を用いています。

写真撮影＝田中佳奈
カバー・本文デザイン＝コダシマアコ

旧満州国略地図

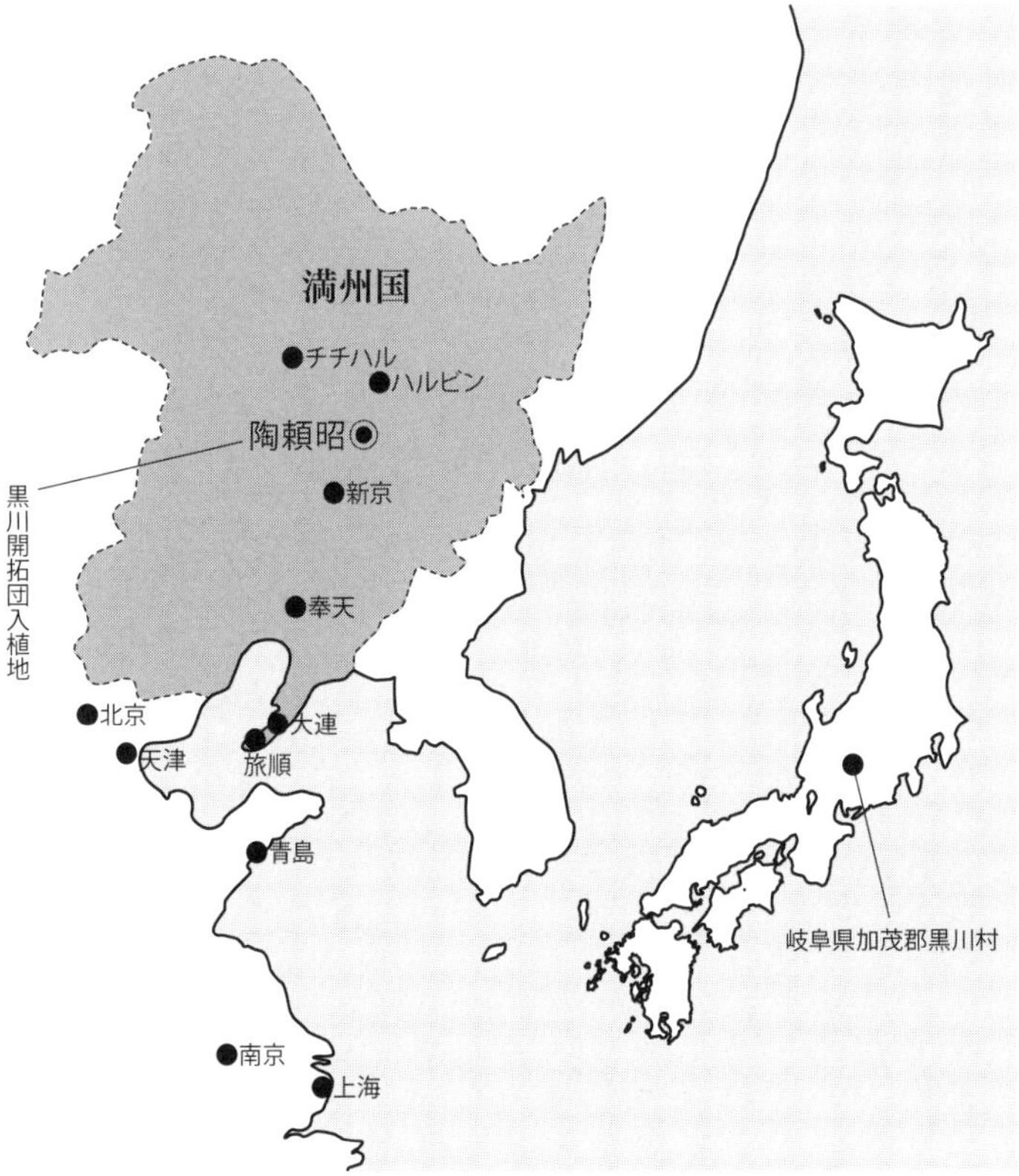

満州国

戦前、日本の関東軍が1931年に起こした満州事変によって、翌1932年に建国された傀儡《かいらい》国家。清朝最後の皇帝であった溥儀《ふぎ》を執政とし、新京（現在の長春）を首都とした。現在の中国東北部にあたる。

日本の敗戦にともない、1945年に崩壊。

旧満州国吉林省陶頼昭　黒川開拓団略図

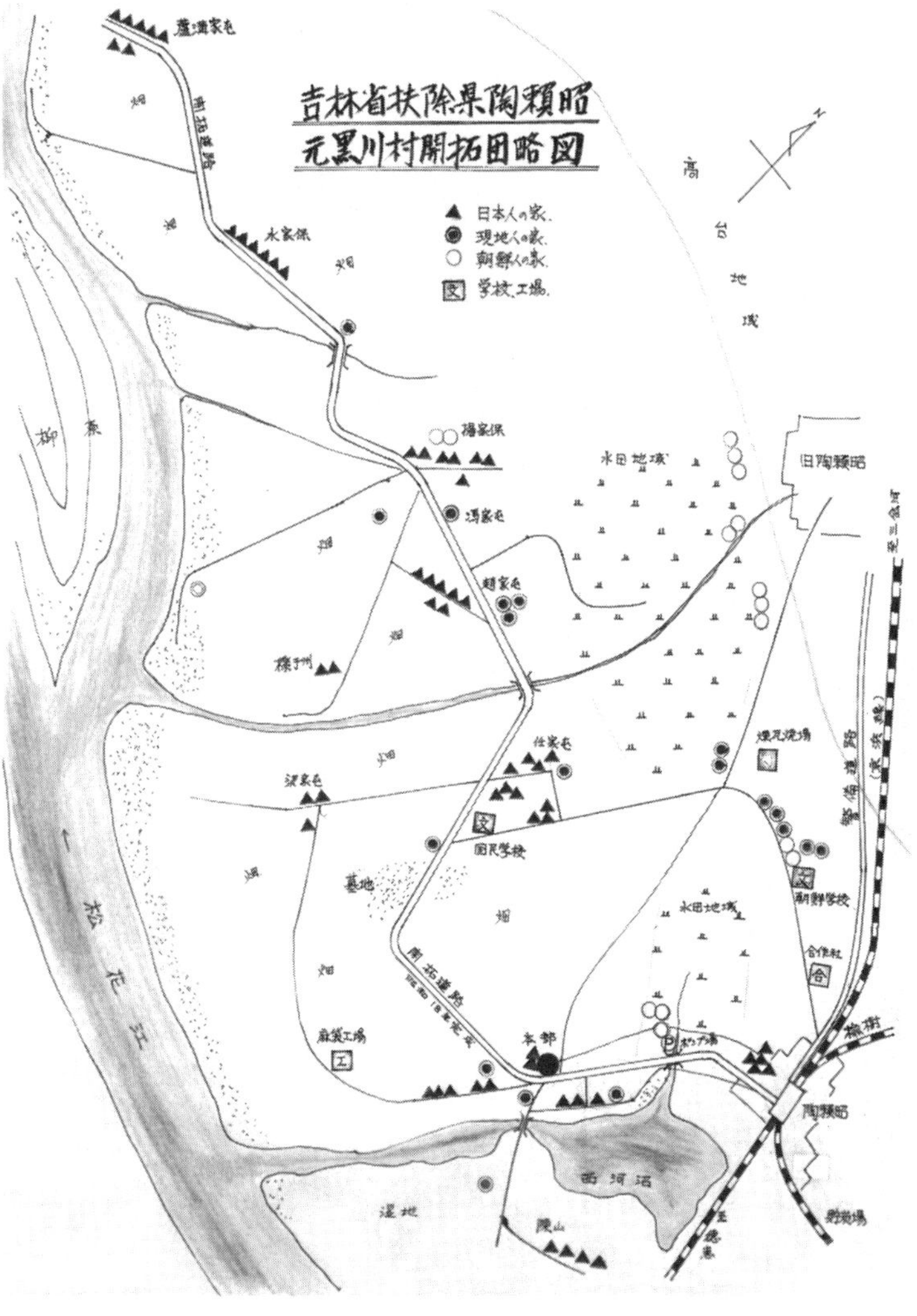

元開拓団員・松浦辰雄さん作画『あゝ陶頼昭――旧黒川開拓団の想い出』より
黒川分村遺族会、昭和56（1981）年3月15日発行

この本に登場する主な人々

（年齢は2019年現在）

■佐藤ハルエさん　94歳・終戦当時20歳

1943年、黒川開拓団第二陣として旧満州吉林省陶頼昭に一家6人で入植。家業の養蚕業が立ち行かなくなり、満州でやり直そうと隣村から開拓団に参加。終戦後、団と家族を守るためだと納得して、ソ連兵のもとへ「性の接待」へ行く。満州で祖母・父が他界。

1946年9月23日に帰国し、1949年に岐阜県郡上《ぐじょう》郡高鷲《たかす》村ひるがのに移住、結婚。その後、酪農家として働き、4人の子どもを育てた。現在も、ひるがので暮らし続けている。

父・長太郎さん（故人）…団の自決を阻止、生きて帰国しようと言った。しかし、満州の地で病に倒れ、現地で命を落とす。

夫・健一さん（故人）…ひるがのでハルエさんと出会い結婚。別の開拓団に参加していた。

息子・茂喜さん…現在も同居しながら、酪農に携る。

息子・茂喜さん

■安江善子さん（故人）　享年92歳・終戦当時21歳

1942年、黒川開拓団第一陣として一家7人で入植。父は大工だったが、収入は少なく、母は病弱だった。接待について最初は反対したが、開拓団を守るためなら仕方がないと、年下の少女たちを慰めながら自らも「接待」に。旧満州で両親と兄が他界し、長女として弟妹を守り育てた。
1950年に結婚。その後、岐阜県大垣市で生涯暮らした。2013年に満蒙開拓平和記念館の「語り部の会」で「接待」の事実を公表した。

夫・愼吾さん　95歳・終戦当時21歳…元満蒙開拓義勇隊として旧満州に。終戦後シベリアへ抑留され、帰国後、たまたま隣の家の納屋で暮らしていた善子さんと知り合い結婚した。

息子・泉さん　66歳…安江家のひとり息子として大切に育てられた。これまで開拓団とはあまり交流がなく、距離を取っていた。

息子・泉さん

■鈴村ひさ子さん　90歳・終戦当時16歳

安江善子さんの妹。特に旧満州で両親を亡くした後は、姉妹で支え合って生きてきた。岐阜県中津川市在住。

息子・希夫《まれお》さん　68歳…ひさ子さんと同居。

■山本みち子さん（仮名）　**91歳・終戦当時17歳**

１９４２年、黒川開拓団第一陣として一家４人で入植。その後両親が離婚し、母は帰国、父に育てられる。性の「接待」とは聞かされずに、接待へ行く。引き揚げの途中、八路軍に留用になり、終戦から7年後に帰国。

■曽我甲子朗さん（故人）　**享年86歳・終戦当時12歳**

１９４４年、第三陣として一家8人で入植。当初開拓に行くつもりではなかったが、どうしても地区から1人出してくれと懇願され、一家はしぶしぶ開拓に。終戦後は、開拓団の「門番」を務めていた。帰国後、黒川で白川茶の生産農家として働く。

父・久夫さん（故人）　享年82歳・終戦当時38歳

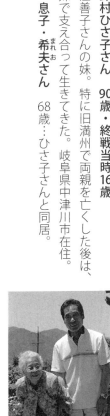

60歳の頃にお茶農家を引退し、1年間かけて黒川開拓団での出来事を手記にまとめた。

■藤井 恒さん　86歳・終戦当時12歳

職業軍人だった父が開拓団の団長だったため、1942年3月に第一陣として入植。1988〜2011年まで23年間、旧満州・黒川開拓団 黒川分村遺族会会長を務めた。黒川在住。

■藤井宏之さん　67歳・戦後生まれ

現在の黒川分村遺族会会長（第4代会長）。黒川在住。

父・三郎さん（故人）…女性たちを呼びに行く「接待係」だった。

姉・安江カツルさん…父の苦悩を目の当たりにしてきた。

姉・安江カツルさん

■安江菊美さん　85歳・終戦当時10歳

1942年3月に第一陣として一家5人で入植し、現地で妹と祖父母が他界。接待に行く女性たちのお風呂を焚く係をしていた。

I　告白

1　ある開拓団員の告白

佐藤ハルエさん

なぜ満蒙開拓に向かったのか

そもそも、佐藤ハルエさんはなぜ、開拓に向かったのか。

私は、ハルエさんに幼少の頃からのお話を聞いてみることにした。

ハルエさんの故郷は、岐阜県佐見村（現在の白川町佐見）。一家は養蚕農家を営んでいた。しかし、昭和恐慌に始まる不況で、生糸の価格は下落、ハルエさんや弟の敬介さんは学校に行く時間すら惜しんで手伝ったそうだが、それでも一家7人が生活していけるだけの収入を得るのは難しくなっていた。

そんなときに、父・長太郎さんが聞きつけてきたのが、隣の黒川村の人々の一部が満州に移住する「分村計画」だったという。

ハルエさんは、満州行きについて当時どのように受けとめていたのか、たずねてみた。

佐藤ハルエさん・94歳

「（戦前）日本はもう、どさくさになり出したから、そら、満州行ったほうがよいなと言い出した時代ですね。

もう結局、社会情勢が変わってしまって、生糸なんか扱わんようになってしまったんですよね。お蚕なんか飼ったって、どうしようもないとなったみたいですね。それから養蚕なんて本当に廃れちゃったんですよね。

父が、日本がこういう状況では、もうお蚕も飼えないし、満州に行ったほうがよいなと言い出して満州行けるならうれしいんだって思って。私らも向こうへ行けば思いっきり百姓のお手伝いもできるし……」


ハルエさんは、佐見村を離れて新天地・満州を目指すことに当初、わくわくしたと言う。しかし、移住には、母親ゐつさんが反対していた。祖母は、すでに南満州鉄道でハルエさんの叔父が働いていたこともあり、とても喜んでいたと思い出す。最終的には父・長太郎さんが行くことに決め、一家は、もう佐見村にもどることはない覚悟で満州移住を決意したという。


当時、日本ではなぜ多くの日本人が満州へ移住することとなったのか。

日本の傀儡《かいらい》国家として、今の中国に「満州国」をつくった当時の日本。満州に多くの民間人を移住させるため、国策として、経済的困窮状態にあった地方の農村からの移住計画を立てていた。国は、満州国に人を移住させた村には、農村経済更生特別助成金を支払うことで移住を促進。当時の黒川村は、村の経済状況の悪化を打開すべく、この助成金を目当てに分村計画を立てたのだ。

『岐阜県満洲開拓史』には、黒川開拓団について次の旨記録が残されている。

――まだ明けきらぬ冬の午前5時、背板に藁であんだ炭俵と弁当をいれた袋を縛りつけた頬被りの人たちが、炭山への山道を白い吐息を吐き（作ら）登り始めていた。

程なく山へ続く村の街道は、杣人や木材を搬出する人など山仕事の人たちでにぎわい始めると、ようやく村に朝が訪れる。

炭一俵、60銭、一日の日当にあたるのは90銭。（中略）当時の物価は、米一升35銭。農業も大方は小作であり、年貢米を収めた残りの飯米は、一年間家族を養うには到底足りない量だった。麦3米7のごはんと自家製みそと野菜の副食で、一日に4回の腹を満たした身体を包む、継ぎはぎだらけの木綿の衣類。（中略）当時の県知事は、県議会の席上、「過剰人口と耕地の不足が農山村の経済更生の障害である。その対策として、国庫補助により計画的な分村移民を奨励する必要がある」と述べている。――

1939（昭和14）年、当時の黒川村村長は、県議会議員も兼ねていた藤井紳一氏であった。

——東西4里、南北1里、村の総面積は58・67平方、その9割を山林が占め、（中略）山峡の急斜面を開いた、日向と日陰に別れたわずかな耕地は、やせた段々畑と傾斜の強い畑で、米・麦と養蚕を主体とした農業は、村全体の食糧自給に不足し、大部分が民有である山林からの木材と薪炭とに頼り、世帯およそ800、人口4000弱のこの貧弱な村の将来を憂いていた。

県が推進する800戸の満州移民計画に則り、自ら満州を視察して帰り、その将来性と可能性に自信を得て、事を推し進めようとされた。——

（参考：岐阜県開拓自興会編『岐阜県満洲開拓史』1977年）

当時、生活に困窮していた村の人々の救済計画としても進められた側面があることがうかがえる。こうした国の情勢、村の経済状況の中で決定された満蒙開拓に、1943年3月、ハルエさんは、父・長太郎（55歳）、祖母・きり（70歳）、叔父・銀十（53歳）、母・ゐつ（45歳）、ハルエ（18歳）、弟・敬介（14歳）、一家6人で満州に渡った。

移住先は、満州吉林《きつりん》省陶頼昭《とうらいしょう》。ハルエさん、18歳の春のことだった。

「満州での生活は、とっても楽しかったですよ」とハルエさんは言う。

ハルエさん一家は、満州の地を新たに耕し、ジャガイモなどの農作物をつくった。

ハルエさん「満州のジャガイモはすごくおいしいんです。一番最初にジャガイモの種イモをみなさんで切って、5家族ずつ1班になって、馬をつかって。(日本では)山の中で生活してたから、そんなことやったことないから、びっくりしましたけど。向こうの中国人に教えてもらってね。

すごく穏やかで本当にいい人たちばっかりでね。午前と午後にお茶を1杯飲んで、そして、みんなで大きな樹の下で憩いをとって、しゃべりながらも仕事しながらも、本当に楽しかったんですよ」

旧満州での暮らし

満州では、開拓団の中でもいくつかの班に分かれて互いに助け合って暮らしていた。

「おやつとか、きょうはなにか夕ご飯炊いたで、と言って持って行ったりもらったり……」

満州での生活を思い起こすとき、ハルエさんは特別穏やかで楽しそうな表情になる。

実際、広大な畑を耕すためには、家族同士が集まって協力し合い、集団生活のような暮らしをしていた。

左から３人目がハルエさん
右から３人目が父・長太郎さん
４人目が母・ゐつさん
前列中央に座っているのが祖母・きりさん
その他親戚や近所の人々

ジャガイモの収穫作業のようす
ハルエさんは、手前左端でしゃがんでいる

満州女塾

その頃、ハルエさんは1年間、郡上村の「満州女塾」に通っていた。

満州女塾とは、旧満州において、開拓に参加した独身の男性たちの妻の養成を目的とした施設である。満蒙開拓団の中には、独身の男性も多かったことから、花嫁の送り出しもさかんに行われた。こうして、移住した花嫁たちの花嫁訓練所の役割も果たしていた。当時の満州国には16か所の開拓女塾が置かれていた。

(参考:杉山春『満州女塾』新潮社、1996年)

「女塾では、何があろうともこの難関を切り抜ける精神をもたなければならないと教えられたんです。女塾に通っていなかったら、あの難関は切り抜けられなかったかもしれない。戦争とはそういうものだと、終戦前から教えてもらっていました」

と、ハルエさんは女塾での日々をふり返る。

ハルエさんは、満州で暮らしていた頃の写真を、終戦後リュックの底に隠して持って帰ってきたという。陶頼昭を出るときには、日本人であることがバレるとさまざまな危険があるため、写真はすべて置いていくようにと言われたそうだが、ハルエさんはどうしても写真を持ち帰りたいとリュックの底に隠した。父、長太郎さんとの思い出など、ハルエさんにとっては、辛い記憶だけではない満州での思い出が詰まった写真だ。

ハルエさんは左から３人目

満州女塾での集合写真
2列目、右から2人目がハルエさん
本章旧満州での写真はすべて、
佐藤ハルエさん提供

2 黒川村を訪ねて

開拓団招魂碑と、乙女の碑

黒川開拓団に参加したほかの家族は、どういった経緯で参加したのか――。

私は詳しく話を聞こうと、岐阜県白川町黒川（旧黒川村）を訪問した。白川町役場に、満州開拓の話を聞きたいと言って問い合わせてみたところ、黒川開拓団遺族会会長の藤井宏之さんを紹介された。「遠いところ、ようお越しいただいた」と出迎えてくださった宏之さんは、黒川で建築と運送の会社を経営している。宏之さんは、戦後生まれだが、いとこの安江菊美さんは、満州に行っていた経験もあるからと、一緒に来てくださった。

菊美さんは私を車に乗せて、黒川の中心にある佐久良太《さくらだ》神社に案内してくださった。開拓団の招魂碑《しょうこんひ》があるという。招魂碑は、戦後開拓団が旧満州の吉林省陶頼昭を訪問した際に、何か記念になるものをつくろうという話になり、現地で亡くなられた方を偲《しの》んで、1961年に建立されていた。

現在の岐阜県加茂郡白川町黒川（旧黒川村）
人口およそ１８００人の地域
一面に茶畑が広がる。
１９５６年に４町村が合併し、
黒川村、佐見村は白川町の一部となった。

その、開拓団の招魂碑の横に、小さな碑があり、「乙女の碑」とだけ書かれている。

「終戦後に犠牲になった人をね、慰めるっちゅうか、忘れないようにっていうことで建てたんやわ」

「乙女の碑」とだけ書かれた碑には、それ以上のことは何も記されていなかった。

岐阜県加茂郡白川町黒川
上／佐久良太神社
下／招魂碑と乙女の碑

安江善子さん

言ってはいけないこと

佐久良太神社からの帰り道、車を運転しながら私を助手席に乗せて、菊美さんは唐突に話し始めた。

「あんた、もうちょっと来るのが早かったらよかったのにねぇ。ちょっと来るのが遅かったわ。……善子さんがまだおいでたら、よかったのにねぇ」

――その善子さんという方は、どんな人だったんですか？

菊美さん「そうやね。なんちゅうか、リーダーみたいなね。本当に中心になってまとめてくださったのよ。私はまだ10歳やそこらやったから、接待にね……あれすることはなかったんやけど。戦後もねぇ、いろいろあれやこれやと、みんなの面倒をみてくれた人なの」

——その、善子さんという方は、今、黒川にいらっしゃるんですか？

菊美さん「いや、去年（２０１６年）の1月に亡くなられたのよ。だから、ちょうどあんたが、ひるがののハルエさんのところへ行った8月の前やわね。本当に、もうちょっと早く来たらよかったのにねぇ」

——そうだったんですか……。

「善子さんがね、話をされたのよ、記念館で。みんなの前で接待のことについても話されて。それからちょこちょこと、いろんなことが変わってきたみたいな感じやわ」

ハルエさんと同じく、黒川開拓団の一員として満州に渡った少女だったのが、安江善子さん、当時18歳。善子さんは戦後結婚し、黒川からは車で2時間程度離れた岐阜県大垣市で暮らしていたそうだ。お話を聞きたかったが、善子さんは、２０１６年1月19日に亡くなっていた。

「『接待』のことは、ずっと言ってはいけないことだったの」と、菊美さんは続ける。

——言ってはいけないこと？

「みんな、なんとなくね。そのことには、ふれないようにして生きてきたの。でも、善子さんが、長野の阿智村の講演会で、お話になられたのがきっかけで、少しずつね、みんなお話を始めたのよ」

――善子さんがお話するまでは、みなさん話題にはしなかったんですか？

「うん、もうずーっとね。黒川では戦後、このことは、ふれてはいけないことだった」

――善子さんは、なぜ、お話されたんですかね？

「もう、話したかったんじゃないのかな。私たちが犠牲になったことをこのまま誰も言わずに、伝えられずに、歴史に埋もれさせていっていいのかって、思われたんじゃないかなぁ」

公の場で語った善子さん

その善子さんがお話をされたというのが、2013年11月、長野県下伊那郡阿智村にある満蒙開拓平和記念館の「語り部の会」でのことだという。

私は記念館に向かった。

2013年11月9日、満蒙開拓平和記念館「語り部の会」にて
写真提供＝同記念館

記念館には、当時、善子さんがお話をされたときの映像が残っていた。

その映像では、善子さんは次のように証言していた。

「その……何にもわからないのですけど戦争が終わったんじゃなくて無条件降伏。（中略）その、開拓団を守りに来るためには、代償と言いますかね。思ってもないことだったんですが、娘たちが（ソ連軍の）将校におもてなしをして、守ってもらうっていう条件が出てきたんですね。

娘たちは……だいたい15人くらいいたんですけど」


「（私は副団長に）どうせ日本はだめだってなったんだから一緒に死のうって、娘たちにそんなんさせなくてもいいだろうって反対したんです。『死んでもいやだ』って。

でも副団長さんがおっしゃるには、『子どもを残して兵隊に行ってる兵隊さんの家族を思うのもおまえたちの仕事だし、それは日本人として開拓団を守るのか、このまま自滅してしまうのか、おまえたちの力にあるんだ』ってことを言われたんですね。

それで私たちは悲しかったけれど開拓団の命を救うために娘たちは皆泣きながら（ソ連軍）将校のお相手をしなければいけないって。

……『嫌だ、嫌だ』って言ってね。皆で輪になって泣くんですよね。本当に私は年がいってましたので、自分は別に慰めなくてはいけない訳ではないんだけど、『我慢してね、堪忍してね、ごめんね』って言って。

なんで自分で『ごめんね』って言わなくちゃならないのかって思ったんですけど。

一人ひとりを抱きかかえて、『お嫁さんにいけなくなったら、お人形さんのお店でも出そうね』って。そういうお話しながらね、娘さんたちが奉仕してくださることに一生懸命私もね、今から思うと恥ずかしいんですけど。

本当にね、自分の命を捨てるか、こんなみなさんの命をお救いするかは、この娘たちの肩にかかってるって思ったんです。なんとしても日本に帰りたいから、命を救いたいからってことで、まあ……詳しくは言えませんけど、たいへんな目にあったんです」

（２０１３年11月9日、満蒙開拓平和記念館所蔵映像より）

満蒙開拓平和記念館の開館を記念して催されたこの「語り部の会」に参加していたのは、50人ほどの人々。

善子さんはこの50人の人々にはじめて、公の場で、自らの体験を語ったのだ。

東京の女中奉公から呼びもどされ満州へ

6人きょうだいの長女として、貧しい家庭を支えるべく、東京で女中奉公に出ていた善子さん。父の誠一さんは大工だったが、収入は少なく一家は満州に移住することを決意。病気がちの母を支えるため、また、まだ幼い弟・妹たちの世話係として、善子さんは東京から呼びもどされたのだという。

善子さんは、満州行きについてどう思っていたのか……。

善子さんが生前、自らの体験を語ったという、インタビューの映像も見せてもらうことができた。2013年に「語り部の会」を開いた満蒙開拓平和記念館の方々が、その後2015年1月に、独自に善子さんのもとを訪れ、撮影されたものだった。

善子さん「家族は（満州行きには）みんな反対だったけど、父がね、どうしても行きたいってことで、私らに内緒でどうしても申し込んでまったみたいなところもあってね。

農家の小作人みたいな感じでね。もともと山も田んぼもあったんですけど、母がちょっと病気だったもんですからね、きょうだい6人も生まれたもんでね。本当あっという間に山も財産も無くなってしまったっていうことやけど、それで父は、満州思いついたんやろうなってとこやけど……」

当時兄2人は出征していたため、善子さん一家は、父の誠一（49歳）・母ぬい（49歳）・善子（18歳）・ひさ子（13歳）・虎次（10歳）・栄一（7歳）の6人で満州に渡った。

インタビューに応える安江善子さん
2015年1月20日
満蒙開拓平和記念館所蔵映像より

安江善子さん一家
左から、三男・虎次さん、次男・金吾さん
父・誠一さん、四男・栄一さん、長男・良逸さん
母・ぬいさん、長女・善子さん、次女・ひさ子さん

満州へ着いた日のことを、善子さんはこう回想する。

「父たちも開拓団の人たちも、生涯ここで永住できると思ったから、家も山も全部売っちゃって行ったんですね。

たった4年で無一文になってもどってくるなんて、夢にも思ってなかったんですね。みなさんはりきって行ったんですけど。考えてみれば、他所《よそ》の国ですもんね。勝手に入って行って、どうしてそんなことができたかしゃんって、私は不思議で仕方ないんだけど、もう、満州なんて国ありませんもんね。

架空の所に連れて行ってもらって、架空の生活して帰ってきたんやって、今でも思うんですけど。何のために満州なんて国を日本人が勝手に思いついて付けた国か知らんけど。

私ひとりやなしに、みなさん何万人と人が行かれたでしょ。

そのときのことをずっと、帰ってきて文献読んでも、ちっとも意味がわからないの。

どうして満州って国ができて、ああいう所に日本人が何十万っていう人を送り込んだか、誰がそんなこと思いついたのか、ぜんぜん、私ね、いまだに不思議で仕方ないんです。

だけども時の……そういうあれに、父も乗っかってしまったんでしょうね。

小さな土で作った家へ最初入れられて、まっ暗で電気もないしね」

「その前は中国人が住んでたでしょ？　その匂いがものすごくついててね、入ったらもう鼻をツーンとつく感じで、飛び出しちゃって。私はあのときくらい泣いたことはなかったんですわ。なんでこんなところに来たのかしらってね。それで、母に怒られて。『もう、おまえひとり日本に帰って行け』ってね。母に怒られて思い直してまた中入ってね。弟や妹たちは喜んで、長旅してきてね、変わった場所を見れて喜んで……私はちっともうれしくなかったけど……」

「（中略）おトイレが外に無かったんですね。日本のように。で、だんだんだんだん具合が悪くなってしまって、父が心配して馬小屋の横のところを囲ってくれましてね。弟や妹たちは畑に行ってしてくりゃいいがねって言うけど、それができなかったんやね、娘やったから。おトイレらしきものを作ってくれて、それでやっとできましたけど。

それでも、まあようしたもんで、１週間くらいすると匂いにも慣れて。どのくらいたってたかしらね。団長さんが（開拓団の）本部を立ち上げたけども、事務員がいないのでね、事務に来てくれって。私、事務なんかやったことないので、そんなことできないって言ったけど、でもお茶くみ――お茶沸かすくらいならできるやろうで、ってことで、すぐ本部に行かさせて（働かせて）もらったんです」

（２０１５年１月20日、満蒙開拓平和記念館所蔵映像より）

　こうして、ハルエさん・善子さん一家を含む、黒川開拓団には最終的に129世帯およそ650人が加わり、満州陶頼昭の地に「分村」をつくったのだ。

　開拓団はまず、複数の世帯が同じ組になって畑を耕し作物を得た。そして、子どもたちのために学校をつくった。妹のひさ子さんは、学校の事務員として働き、善子さんは開拓団の事務員として経理関係の仕事をしていた。

　開拓団は、入植してすぐに小学校（国民学校）をつくった。中国人の子どもたちも通っており、お互いに言葉を教え合ったりもしたという。

　満州での暮らしを語るとき、みんな楽しそうに話すことが多い。

中央が善子さん

満州入植後に開設した国民学校の子どもたち

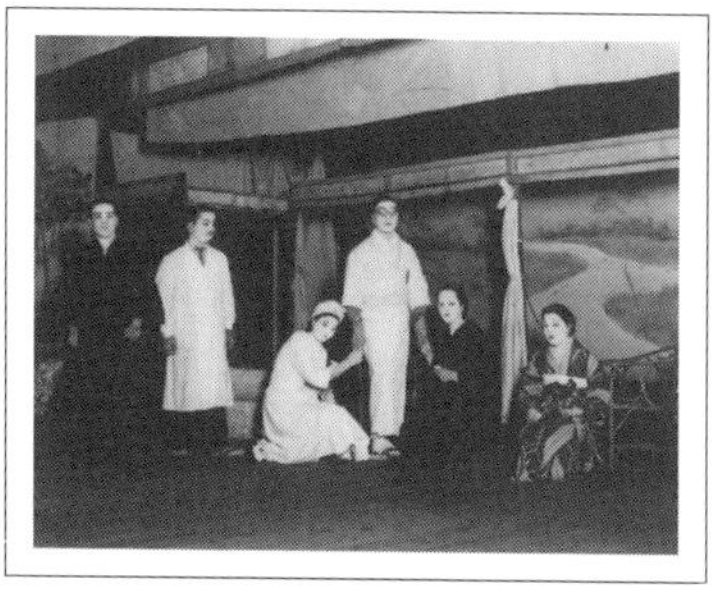

右上／国民学校の運動会のようす
右／馬車に乗る子どもたち
上／青年会での演劇
下／国民学校の集合写真
子どもがたくさん生まれた

善子さんは、終戦の日のことを次のように語っている。

善子さん「私、恥ずかしい話だけどね。昭和20年の8月15日に日本がたいへんなことになってね、天皇陛下のお言葉があるんだけど、ぜんぜん知らなかったんですよ。ラジオもないし新聞もないしね。8月15日に私たち青年団がね、秋の慰労会をやるために、みんなで演劇の稽古をするとかで打ち合わせ会をやるってことで。私が本部の宿直だったもんで。みんなが来るってなったら、副団長さんが真っ青な顔して本部へ飛び込んできてね。これからたいへんな放送があるから放送を聞くっていうんですよ。

なんだろと思って、私もね。副団長さんのそばに行ったら、ラジオがね、ガーガーって雑音ばっかで聞こえなくて、耳すまして聞いているとね、何とかね『忍び難きを忍び……何とかの、艱難《かんなん》苦労があるかもしれないけど耐えてほしいとか、耐え難きを耐え……』とか、そんなんが聞こえてきたの。

『何ですか?』って言ったら、『おまえ、日本は負けたんだ』って副団長がおっしゃるもんでね。でもね、日本が負けたって言っても、ぜんぜん感覚としてないのね。

食べるものはあるし、みんな若いもんでね、遊ぶことばかり。だから、大丈夫だろうと思ってたんですけど……いやいやいや、それを境にたいへんなことになっていったんです」

終戦後、何があったのか

1945年ソ連軍の侵攻・「匪賊」*の襲撃

8月15日、終戦――。
それまでの穏やかな暮らしが一変する日がやってくる。
これは、終戦直後のことをうたった善子さんの詩だ。

「何も知らない　開拓の　村に聞こえる　敗戦は
嘘だと思う　その日から　不穏な空気　強くなる」

「思えば他国の　その土地に　侵略したる　日本人
王道国土の　夢を見て　過ごした日々が　恥ずかしい」

＊匪賊《ひぞく》：略奪や暴行をくり返す武装集団。本書では、日本の敗戦にともなって、旧満州に残留していた開拓民を襲撃した集団を指す。困窮した農民や敗残兵などが含まれていたと考えられる。旧満州国では、日本の支配に抵抗する抗日組織も「匪賊」と呼ばれていた。ここでは、当時の呼称のまま「匪賊」と表記している。（筆者注）

終戦の6日前、8月9日に、ソ連は日ソ中立条約を破り、突如、国境を越えて侵攻。日本の関東軍の主力はいち早く撤退し、終戦時にはすでに、ハルエさんや善子さんら民間人は開拓地に取り残されていたのだ。この頃、日本政府は、「日本人居留民は出来得る限り定着の方針」を掲げ、開拓団もできるだけ帰国せずに定住するよう求めている。

しかし、終戦と同時に、黒川開拓団を含め開拓団には、もともと満州で暮らしていた現地の人々が襲撃。多くの人々が着の身着のままで逃げ惑うことになった。

8月17日、隣村の開拓団から、豊田さんという男性が命からがら逃げてきたという。

このとき、集団自決をしたのは、九州の来民《くたみ》開拓団であることがわかった。8月11日から来民開拓団には、「匪賊」の襲撃が続き、日本人の若者ら5、6人が切りかかった。その後、来民開拓団は自ら火を放ち、270人が全員自決。豊田さん1人が伝達係となって生き残り、惨状を伝えに来たのだった。

そして、このことがきっかけで、開拓団の中では「自決しよう」という声が高まっていく。

9月3日、ついに黒川開拓団近くの松花江にも、匪賊が襲来。のちに開拓団が発行した冊子『あゝ陶頼昭』の藤井信次さんの記事には、このとき亡くなった第四班部落長の榊間弥太郎氏のことが書かれている。

「私は本部令に依り学校近くの部落（新田宅）に警備につくよう言われ、早速馬車で移転する。そして住込警備につく。たゞもう農作業も手につかず治安の維持と生きるという二点しかない。保安体制もないまゝ突然本部附近の部落が暴民に襲われたという、私は早速馬を走らせる。女子供は裸にされて逃げまわる、その哀れな姿に敗戦のみじめさが胸をしめつける。私には身内がなく裸一貫の一匹狼の気楽さであったが、新田家を守る責任がある余り自由な身ではない。弥太郎氏が来られて話しをしていた時、屋根の上で見張りをしていた二三夫君が突然「奇襲だ!!。」と叫んだ、と共に前方の畑の小屋に真っ赤な火の手が上がり、それを合図のように数十人の暴民が奇襲する。弥太郎氏はわが家に一目散、私も身に危険を感じ後について加勢した。わが家族を思う親心から暴民の中に入って戦って見られるも、何十人もに袋たゝき、私も刀を振って対戦したが多勢で後退、そのうち十余名の応援で漸く撃退、暴民は分散したが弥太郎氏は傷がもとでその夜他界され、子供さん四名も共に父の後を追って誠に痛ましい限り、尊い犠牲者を出し、不安と悲しい通夜と不眠の警備を続けた。

　また、藤井たずえさんの手記では、自決寸前だったようすが書かれている。

「家の中に柳の木を一ぱい積め込み、中央に布団を敷き、母は一番末っ子を私はその上を殺し、一番最後は父が火をつけて自決する覚悟でした。黒川開拓団本部の命令の下るのを待ちつつ、日本人として恥かしくないようにと心がけ、死を待つという事は書きあらわすことのできない気持ちでした。昼過ぎだったと思う、待っていた本部の伝令が馬に乗って、日本刀を片手に私達任家屯へかけつけて来て下さった。本部へ集合して処置を考える、今まで団結して来た以上、死する時も一緒だから集合するよう団長さんの命令との事でした」

（黒川分村遺族会『あゝ陶頼昭――旧黒川開拓団の想い出』〈1981年〉より）

ハルエさん一家も、善子さん一家も、こうして着の身着のまま開拓団の「本部棟」に集結する。そのときにはすでに、匪賊が暴れまわり、本部まで逃げるにも命がけだったという。

ハルエさん「物盗りに、ばーっと来たんです。時計やらなんやらでも、とにかく金になるものは盗ってやろうと言って来たんです」

善子さんは、生前、このときの状況を次のように語っている。

善子さん「母が、私たちが住んでいる部落も襲撃を受けるかもしれないと聞いて、油紙に包んでお金を袋とかに入れて、使っていないかまどのところに隠しておいたんです。それで午後、昼ご飯を食べるときになって、ウォーッて音がして、ダンダンダンって、入って来るんです。もう茶碗《ちゃわん》から何から全部盗られしまってね。私たちは裏口から畑に逃げたんです。母と弟は、豆畑の中に潜んで。私はそのまま走り抜けると、追っかけてきて、着物からなにから全部盗られたよ。めがねも取られちゃいましてね。裸になって、パンツ1枚くらいははいていたかもしれないけど。それで、裸のまま本部に集結したんです」

生きて日本に帰ろう

本部棟に集結した黒川開拓団では、「集団自決をするべきだ！」という声が強くなっていた。しかしそのとき、ハルエさんの父・長太郎さんが声をあげる。

「こんな命をもらっておいて、そんな簡単に死ぬんじゃない。どうにかしてここを切り抜けて、日本へ帰ろうじゃないか」と言って。

そのときのことをハルエさんは、しっかりと記憶されていた。その長太郎さんの言葉に、黒川開拓団では、集団自決の道以外の方法を探ろうと話し合いが続けられた。

9月23日。日に日に食料は枯渇し、ついにみんなが集結した本部をも匪賊たちが取り囲み、レンガや土の塊を投げ入れてくるようになった。善子さんは、その日を鮮明に思い出す。

善子さん「何百人……何千人か知らないけど、とにかく部落のまわりが、ぐるぐる巻きになってしまってるんです。隣の九州の開拓団も、自害してみんな死んでしまったと聞いていて、私はなんでそんなことするんだろうって意味がわからなかったんだけど、いよいよ私たちにもそのときが来たのかもしれないって。心細かったんですよね。あのときは気が早い人はもう、倉庫に柳を立てかけて、その中に子どもを入れて、火をつければ死ねるように用意されていたんですね。だけど、あのとき、10～15歳くらいの男の子は『僕たちは逃げる』って、ひとりでもいいから逃げて帰るって、言いました」

このとき、黒川開拓団に逃げてきていた「辻さん」という男性が声をあげる。彼はロシア語が堪能だった。善子さんはこう続ける。「辻さんという方がいらっしゃってね。その方が今、陶頼昭の駅前にロシア兵が駐在しているから、そこへ助けを求めに行けば匪賊を追い払ってもらえるので、頼みに行こうということになったんです」。

そして、青年の男子2人が日本馬にまたがって、匪賊の中を突っ切っていくことになった。

「もう、門を開けたらそこはもう匪賊ばかりです。で、馬に乗ってダーッと2人で飛び出してね。陶頼昭の駅まで助けを求めに行ったんです。そしたらね、陶頼昭の駅に駐在していたロシア兵が、自動小銃っていうこの丸いあれでね。それを担いで持ってきて、ダダダダーと、撃ってね。そしたら、もう蜘蛛《くも》の子を散らすように逃げて行ってしまったんです。ひとり、背中かどこかに当たってね。畑の真ん中で倒れて動けなくなっている人があったんですけど」

ソ連軍将兵への警備依頼とその見返り

ソ連軍将兵によって、黒川開拓団はこのとき、なんとか助かることができた。しかし、その後も匪賊たちがやって来る心配があった。開拓団の大人たちは話し合い、ソ連の兵隊に、毎夜警備に来てもらえないだろうかと頼むことにしたという。

そのときのことを、善子さんはこう語っている。

「1人か2人を常時毎夜、夜、何ちゅうか警備に来てもらえんかと頼みに行ったんです。そうしたらはじめはなかなか難航しとったけど、辻さんが上手に頼んでくださったものでね。2人ずつ交代で、その匪賊が来ないように鉄砲を持って来てくれたんです。そうしたらもう匪賊たちも行っても駄目だということで、集まらなくなりました。

で、そういうロシア兵に助けられて、どうして生きていくかということになったんでしょうけど、大人たちがいろいろ考えたんでしょうね。まあ、そのなんと言うか、ロシア兵にね、毎日来てくれるために、何かビールを出して、犬を殺して焼いてね、出すんですよ。

で、一晩守ってもらわないといかんでしょう。そのためには、その、なんと言うか、慰めの女の人も出さないといかんということで……」

3 なぜ、それが始まったのか

終戦直後のこのとき、なぜ、大人たちは女性を差し出すという決断をしたのか――私は、その話し合いについて知る人を岐阜県白川町黒川に訪ねた。しかし、当時話し合いに参加していた人々の多くが、亡くなっていた。旧満州・黒川開拓団黒川分村遺族会会長・藤井宏之氏も、戦後生まれのため、話し合いの中身まではよくわからないということだった。

どこかに記録は残ってないだろうか――。そう思いながらも、あまりに黒川の風景がきれいだったため三脚を立てて、のどかな村の景色を撮影し始めた。

曽我甲子朗さん「全部書き留めてある」

親父が本にして

すると、カメラの中に映っていた畑の中に、ひとりの男性が入ってきた。私は、撮影の許可を得ようと、男性に話しかけた。

「黒川開拓団の取材をしていて……」

私がそう言うと、男性は「開拓団か……わしも開拓に行っとったよ」とおっしゃった。

――そうだったんですか……、たいへんなご苦労だったんですよね。

「ここらでは言えなんことがたくさんあるわ。全部書き留めてあるけどね、親父が本にして」

ⓒNHK

曽我甲子朗さん

思わぬところで探していた記録が、見つかった瞬間だった。見つかったとは言え、簡単に見せてもらえるものではない。

――その、記録を見せていただけないでしょうか？

「それは、見せれるようなものやないで。いろいろかわいそうなこともあるもんやで」

男性の名前は曽我甲子朗さん（1933年生まれ）。

黒川で茶畑農家を営んでいる、日焼けが似合う、とてもやさしい雰囲気のおじいちゃんだった。私は、ぜひまた記録を見せていただきたいので、考えておいてほしいとだけお伝えして、その日はお別れした。

しばらくして、もう一度、電話したのちに、改めて曽我さんのもとを訪ねた。お茶の収穫作業のまっただ中で、ちょうど刈り取りを終えた曽我さんは、はじめはにこやかにお話をしてくださっていた。

――それで、きょうは開拓のお話をゆっくりと聞かせていただきたくて。

そう私がお話したときに、少し顔色が曇った。

「何が知りたいの？」

けれど、曽我さんは自宅に私を招いてくださり、詳しくお話をお聞きすることになった。

©NHK

お茶の収穫をする曽我甲子朗さん

「よっこら」

重い扉の向こうから、曽我さんは1冊の本を持ってきてくださった。それは1987年に亡くなった父親の久夫さんが60歳のときに1年かけて書いたという記録。

「見れたもんやないわ」


――これまで誰かに見せたことはあったんですか？


「ないない、死に土産や」

その手記には、これまで明かされることのなかった、開拓団の大人たちの話し合いのようすが記録されていたのだ。曽我久夫さんは、開拓団の行く末を決める話し合いに参加していた。

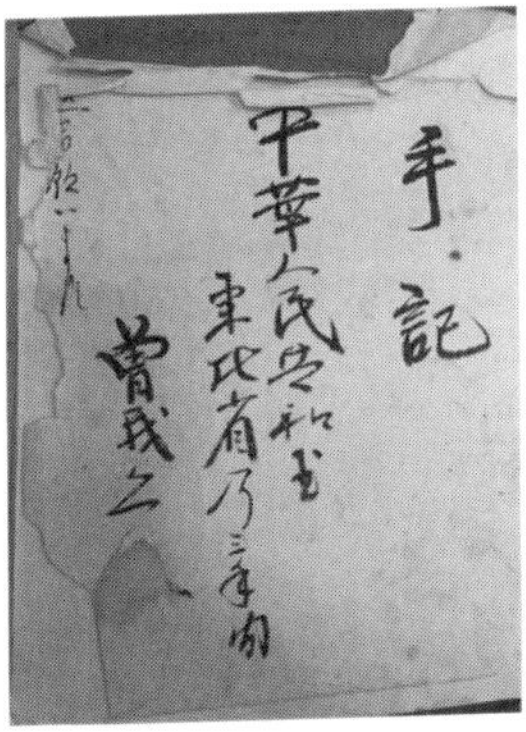
手記
中華人民共和国
東北省乃三年間
曽我久夫

上／曽我久夫『手記 中華人民共和国 東北省乃三年間』1965年
下／1945年9月23日のページ

1945年9月23日の記録

『手記　中華人民共和国　東北省乃三年間』　9月23日の記録には、こう書かれている。

「これ以上時が経ったなら絶対の時が来る（中略）この黒山の如くなって来る暴民には今の日本人では何んともならない。やはりソ連を頼むより外に道はないと思った。而し駅までは三十町ある。

この囲みを抜けて駅のソ連司令部まで行く事が出来るのだうか（中略）その馬は走っ走った、あれも襲撃と言ふだらう。

駅の司令部のソ連兵は自動小銃で射撃しながらすぐに来た。ソ連兵は二人だった。乗馬だった。暴民は逃げた。早く逃げないと弾があたる。クモの子を散らす様だった。（中略）輸送司令部は十名位だった、司令官は少佐だった。背のすらりとした長身の白人だった。団のために色々と指導して呉れた。

今後も世話になるだらう。言ふなれば命の恩人である。

何かこの司令部の兵達に御礼の意味を与へなければならない。

この時、敗戦国の悲しい事実があった。

あのうら若い女達の青春を犠牲とは何と言ふ事だらう。

この外に道はない物か。私達の心は暗かった。今この外に道はない。

乙女達の親の許しを得なければならない。親達と会議の場をもった。

其の時、外来者の中にいた一人の人は第一次世界大戦の時敗れたドイツに居た時の話である。

敗戦に女はつきものだ。あの時連合軍に犯されて、ベルリン処女なしと言った。

如何にしても皆さんは、娘をその犠牲から護る事は出来ないだらうと。

この言葉に、親達は暗黙のうちに心で泣いた。可愛い娘が何たる事だらう。

そして団では事務室の一室に接待室を作った。司令部のソ連兵を接待した。

ソ連兵は強いウオッカを飲んでさわいでいた。

我々日本人は何たる事か。戦勝国の兵士である。

それにかしづいて接待する乙女達の泣く声ももれて来た。

我々団員は、心の中で泣いた。（中略）これ以上は書かない。娘たちの名誉のために。

どうしても敗戦国としては仕方のない事だった」


（原文ママ／改行・句読点は筆者による）

当時、ソ連軍は、南満州鉄道を接収。村から3キロ離れた陶頼昭の駅を占拠していた。ロシア国防省の資料には、陶頼昭に駐屯した部隊が記されている。

「ザバイカル方面軍・第36軍に所属する狙撃兵」

ザバイカル軍は、ドイツとの戦争を経て、満州に侵攻。囚人兵も含まれていたという。

曽我甲子朗さんは、この接待所ができていくようすを目の当たりにしていた。

12歳の門番

当時、曽我さんたち12歳くらいの男子は、「門番」という役を担っていて、曽我さんは接待所に来たソ連兵を案内する役だった。

曽我甲子朗さん
終戦当時、12歳の頃

接待所がつくられたというソ連軍「本部」の前

――門番は何人いたんですか?

「4人くらいはおった。2人本部のほうへ走る、今悪い奴が来たぞって。愛想でしゃべるのが2人ばかと」

――2人はソ連兵と話をするんですか?

「ソ連語で『ちょっと待ってくれ』というようなのは習ったんや。パタチーチって」

――曽我さんたちがパタチーチと言ったら、ソ連兵はどうしたんですか?

「喜んどったけど……」

――笑ってた？

「笑ってた」

――ソ連兵ってどんな人だったんですか？

「背が高くて、鼻が通って、格好はよかったけど。鉄砲出すってことは反対にやられると恐ろしいもんで」

――門番の仕事はどれくらい続けられたんですか？

「3か月。身体が続かんのよ」

――昼間は寝れなかったんですか？

「寝れなんだ。帰ってからも……。（ソ連兵は）毎晩のように来たんや」

甲子朗さんが、家族以外には誰にも見せたことがないという手記には、ソ連兵に娘たちを出すことになった状況や、心情が詳しく書かれていた。手記を読む限りでは、どうやら「日本人の側」から、接待を提案しているようにうかがえる。そしてその提案は、手記を読む限りでは、当時開拓団に身を寄せていた外部者が言い始めたようだ。

「敗戦国」としては、仕方がないという考えがそうさせていたのだろうか。

開拓団が満州で暮らしていた当時の家のようす
戦後撮影／井戸虎次さん提供

父のため開拓団のためにと、「接待」に出たハルエさん

佐藤ハルエさんは、接待をお願いされた女性のひとりとして、そのときの状況を詳しくお話してくださった。

開拓団の広場には15人くらいの少女が集められ、副団長から話があったという。

ハルエさん 「奥さんには頼めんでなぁ、あんたら独身だけ、どうか頼むと言われて」

――そのときはどういう状況だったんですか？

ハルエさん 「泣いている人もいましたけど、私は特に……。郡上村の女塾におって、川原塾長が『どんなことがあるかもしれん。戦争が起きたら女は犠牲になることは決まったようなもんだから、あんたら、そのつもりでおれよ』って、先生はもうお見通しでそういう教えをくださったんです」

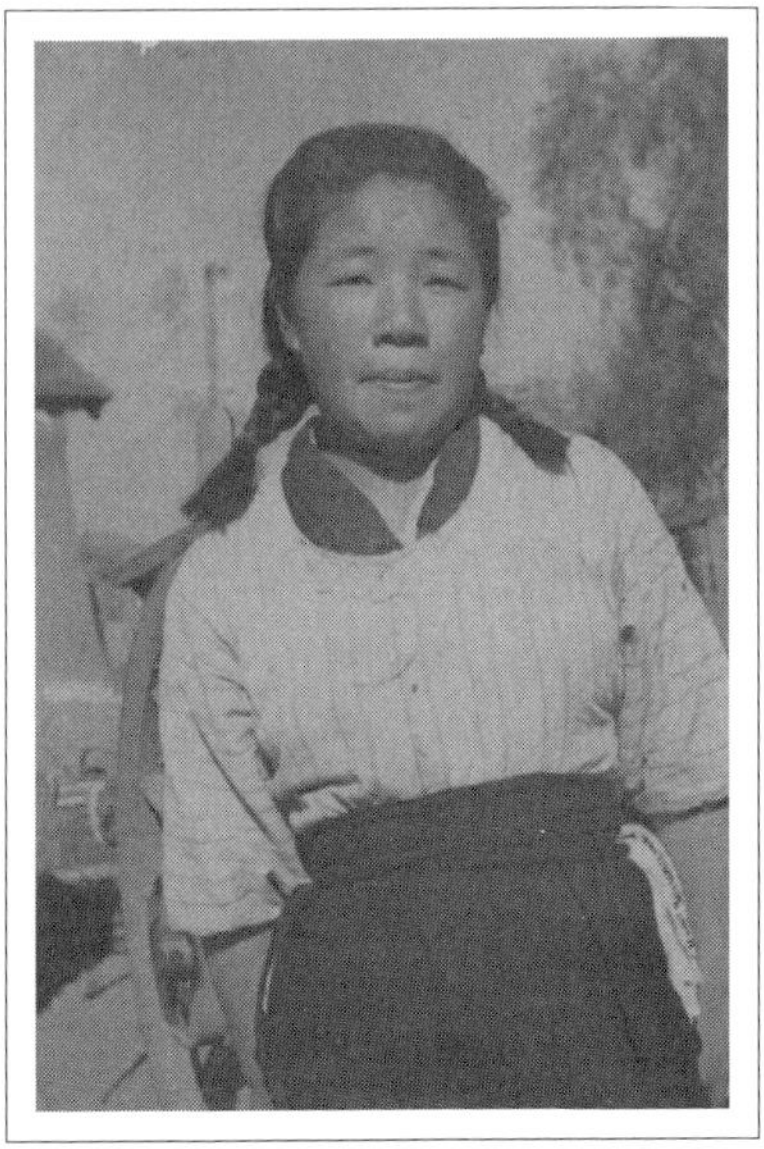

佐藤ハルエさん、20歳の頃

――接待はどのように行われたんですか？

「（接待所というのは）本部の中に一間をつくってね、そこに敷物をしいて、そこから門番がおって、交代交代に。ほで、2人か3人ソ連兵が入ってくると、その係の人がおって、連絡が来て、呼び出しもあったんです。

接待係といって、2人ぐらいの方がこう、本部の事務所の一角に一間をつくっただけでね」

ソ連兵はしばしば接待所から女性を連れ出し、駅に連れて行ったこともあったという。

「（ソ連兵に）連れていかれたこともありました。（ソ連軍が駐屯している）駅までね。友だちと2人で。そして、駅でそういう犠牲になりましたから。

憲兵がおってね、本部のほうに迎えを呼んでくださったんです。

待っているあいだ、駅の裏の方でね、（友人と）2人で、女塾で習った歌を一生懸命歌いました」

――どんな歌だったんですか？

「『われらは仏の子どもなり、幼き時も、老いたる時も、御上の袖にすがりなん』って。

今でも集まってね。ときどき歌うんですよ」

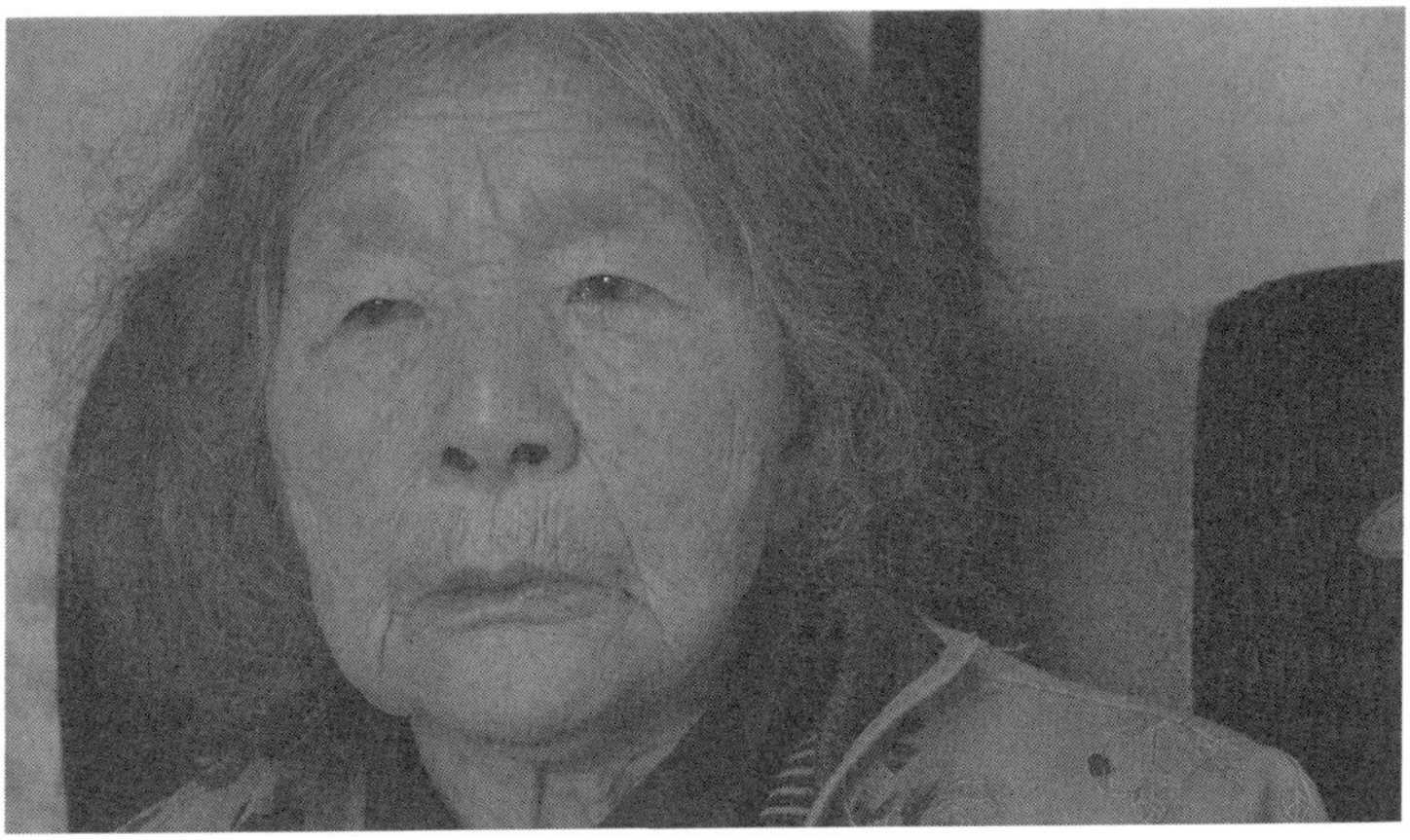

佐藤ハルエさん・92歳

――どういう気持ちで歌を歌っていたんですか？

「それはもう、帰れるか、帰れないか、どこか連れていかれるか、殺されるか、仕方がないわと思いましてね、友だちと一生懸命、駅の裏のほうの倉庫の中で歌ったんです。黙ってはおれんでね。歌でも歌うほかは仕方がない。死ぬか生きるか、どうされるかわからんというような……」

――黙ってはおれん……。

「忘れられませんねぇ」

私は、この取材のなかでいちばん、胸が締め付けられる思いがした。そのときのハルエさんの顔がとっても穏やかで、昔を懐かしむような表情だったからだ。どうして、どうしてそんなに辛い経験をした後に、歌を歌えたんだろう……。いや、悲しいから辛いから歌ったんだ。

「どうして歌ったんですか？」などと聞くのは、とても浅はかな質問のように思えて、私はこれ以上ハルエさんに質問することができなかった。

ハルエさんの父　安江長太郎さん

ハルエさんの父、長太郎さんは集団自決ではなく生き残る道を主張。
ハルエさんは、そんな父の気持ちに応えようという気持ちもあったと言う。

父・長太郎さん

ハルエさん「そんな理屈ではないの。あのときをどうやって通すかって。
生きて帰るには、どうするか。
生きて帰るには、私ら犠牲になっても、死なずに帰れれば……。
もしも、だめなら死んでいくんやし」

――ハルエさんに何かその、言葉をかけてくれたことはあったんですか？　お父さんは。

「『死んでしまうよりは犠牲になっても日本へ帰らなならんで、がんばるよりほか仕方ないな』と言いました。（中略）

なにしろが、命があって、日本へ帰らないかんのやで。えろうても（たいへんでも）がんばれやなと言ってくれました。

そのお父さんも、帰りたくても日本へよう帰らなずに亡くなりましたけどね。母は帰っても。

……父は、すごい立派でしたから。何もかも、立派に考えていましたから」

ハルエさんが尊敬していたお父さん――集団自決をやめさせ、生き残る道を提案した父の安江長太郎さんは、流行っていた発疹チフスに倒れ、陶頼昭で命を落とした。

鈴村ひさ子さん

善子さんの実の妹を訪ねて

満蒙開拓平和記念館の「語り部の会」で、自らの体験を語った安江善子さん。なぜ戦後70年近くたったときに、公の場で話をしようと思われたのか。

私は、善子さんがたどってこられた人生を知りたくなり、遺族会の菊美さんに、親族の方がいらっしゃるのであれば、お会いしてみたいとお願いした。

すると、善子さんの実の妹のひさ子さんが、今もお元気にされているとうかがい、連絡先を教えていただくことができた。とは言え、進んで受けていただけるような取材ではないことは承知していたし、もしかすると断られるかもしれない。無理にはお願いすることはできないが、可能であれば一度お会いしてみたいと思った。

「あの、ＮＨＫ岐阜放送局で番組の制作をしている……」

電話に出られたのは、同居されている息子の鈴村希夫《まれお》さんの妻・智恵子さんだった。威勢がよい智恵子さんは、明るい声でこうおっしゃった。

「ああ！　おばあちゃんね、戦争の話をするのが生きがいみたいな人やもんで、ぜひ来てあげてください！　遠いところからわざわざありがとうございます」

後日、岐阜県中津川市のご自宅を訪ねることにした。

田園地帯が広がるのどかな山の中、ぽつりぽつりと大きな家が点在する中津川市の中でも北部の地区。ひときわ大きな段々畑がある。その段々畑の一番上に、大きな家があり、そこがひさ子さんの自宅だった。息子夫婦、孫夫婦とも同居し、一家8人で暮らしていた。

「こんにちはぁ」

大きな家の入口を探してたずねると、電話でお話をした智恵子さんが迎えてくださった。

「こりゃ、どうもどうも、遠いところをご苦労なことで！……　今、おばあちゃん呼んできますからね。夕べもなんか、話したいことを一生懸命、メモに書いてましたよ」

応接間に通していただき、しばらく待つと、善子さんの妹さんにあたる鈴村ひさ子さんがゆっくりと来られた。

岐阜県中津川市
鈴村ひさ子さんの自宅周辺
ひさ子さん一家の田んぼを臨む

「岐阜から見えたの？　よおそんな遠いところからこんな田舎までお越しくださったわ。はっはっは」

身体は小さかったが、ゆったりと登場されたその姿のどこからそんな力が出てくるのだろうと心配になるほど、ひさ子さんは大きな声で、立て板に水を流すようにお話をし始めた。取材に来るということで、ひさ子さんは、いろいろと資料を集めてくださっていて、その中に、姉の善子さんが書かれたという、詩もあった。

鈴村ひさ子さん・90歳

姉に守られたひさ子さん

２０１３年、ひさ子さんの姉の安江善子さんは、満州での体験を公の場で語り始めていた。長野県阿智村にある満蒙開拓平和記念館、そこで開かれた「語り部の会」の記録では、善子さんは、接待に行くときに、団の幹部から懇願されたようすを語っている（本書2章）。善子さんは当時、21歳。実はほかの女性よりも多く接待を引き受けていた。その理由を妹のひさ子さんが話してくださった。

善子さん（左）とひさ子さん（右）の姉妹

姉の体を洗浄したひさ子さん

ひさ子さん「（善子さんが）ひさ子の分まで私が務めるで、ひさ子は接待には……。ほんで、（接待に行くのは）18歳以上って決めたのは姉さんだった。姉さんらしかったけど。17歳……私はかぞえの17歳になっとたでね」

接待所の近くには、医務室がつくられていた。医務室では、軍から逃れてきた衛生兵が手伝うことになり、接待した女性の体を洗浄することをひさ子さんらに指導したという。

「接待に出た人は、みんな、洗浄して、病気や妊娠を防ぐ、そういう技を教えてくれたのは、衛生兵やった。なんとも言えんあれやったけどね。もうなんと言うかね。どういう言葉で言っていいかわからないけどね。（中略）今みたいに水をあっためて送るような機械もないしね。水なら、水。冷たい。零下30度くらいに下がるでね。冷たかったやろうけどね」

――水で体を洗ったんですか。

「洗浄に使ったのは、過マンガン酸カリウムっていって。お抹茶に使う小さなしゃもじあるわね（しゃもじを使って）、リンゲルの瓶いっぱいの水に、（過マンガン酸カリウムを）少し入れると、真っ赤になっちゃうの、水が。それは軍隊のうがい薬らしかったわ。

『これは軍隊のうがい薬やぞー』って（衛生兵の人が）言うてね。それをリンゲルの瓶に入れて、ホースを通して、入れてやると子宮まで届くもんでね。最初はホースを使ってあれやったけど、慣れてくるとね。それで、私、洗浄ばっかりやってたの。かわいそうやったけども……洗浄しとかんと妊娠したりするで」

接待に出た女性を洗浄するという知恵も、元衛生兵だった男性から教えられたという。

――薬とかは、どうやって手に入れられたんですか？

「あの、松花江《しょうかこう》という駅があってね、そこは日本の兵隊さんらが引き揚げてしまっていて、その残したものをみんなで拾いに行ったのよ。その中に、医薬品がたくさんあったのよ。モルヒネもたくさんあったよ」

©NHK

鈴村ひさ子さん・88歳

接待に行った女性達を「洗浄」していたことについては、曽我久夫さんの『手記 中華人民共和国 東北省乃三年間』に次のように記述されている。

「また外来者の中に『朝日』と言人が来ていた。内地の家は医者だと言っていた。娘達のソ連兵による暴行によるその病気はどうだらうか。その病気など考へて適当な所置をして呉れていた。団の医務室に相当沢山あった薬品も持ち去られて、馬に使用する薬外はあまりなくなっていた。もし他所の開拓団のようにモルヒネなどの薬があったなら、あの混乱の時期にはどんな事が起きたのか思ひやられる」

（原文ママ／改行・句読点は筆者による）

一度だけ感情をあらわにした善子さん

妹の分まで接待に出た姉。そんな姉の体を洗浄していた妹。

姉の善子さんは、女性たちのリーダーとして気丈にふるまっていたというが、一度だけその感情をあらわにしたことがあったという。

ひさ子さん「いっぺんはね、その接待に立ったときにソ連兵のウォッカちゅう強い酒があるわね。強い、強い酒が。それを飲んでしまってね。あのときは、死ぬかしらんと思ったけど……。ひさ子ー、ひさ子ーって、私の名前を呼んで、もう、のたうちまわるの。

どうしようもないしね。

ほんで『ひさ子を殺して、私も死ぬー』とか言ってね。

酒乱みたいになっちゃってね。

私を捕まえて、おまえを殺しておれも死ぬって……とかって、そういうことを言うもんで。

みんな『逃げとれ、逃げとれ』って言ったもんで。私はちょっと姿を隠しておったけどね。

姉さんはやけ酒飲んでまって……そういうことがあったね」

善子さんは、自らの接待の内実にまでは、あまり多くを語ることはなかった。

しかし、ひさ子さんが見せてくださった善子さん直筆の詩には悲痛な心の内が記されていた。

「乙女の命と　引き替えに
　団の自決を　止める為
　　若き娘の　人柱
　　　捧げて守る　開拓団」

詩には、次のような書き込みもあった。

「ベニヤ板で囲まれた、元本部の一部屋は悲しい部屋であった。泣いてもさけんでも誰も助けてくれない。お母ちゃん〳〵と声が聞える」

何も知らされずに、山本みち子さん

どういうふうに決まったかもわからない

接待に出た女性のうち、今もご存命の方は3名といわれている。ハルエさんと今も定期的に連絡を取り合っているという女性を紹介してもらい、お会いすることになった。

山本みち子さん（仮名）、待ち合わせ場所の駅のベンチでお話をうかがった。寒いのでコーヒーでも買ってきますという私を静止し、「私は大丈夫だから。それよりも、お話がしたいのよ」とおっしゃってくださった。

当時のことをふり返って、お話を始められた。みち子さんは当時18歳、「接待」の内容までは知らされないまま、接待所に連れていかれたという。

みち子さん「悪いなーって、悪いけど出てくれって。何が出てくれだと思うけど。（中略）何しろ、私たちは下々だから、上のことはわからないし、どういうふうに決まってきたのかもわからないから。

『接待』というときは、わたし、酒……ウォッカとかお酌しろと言われてきたから、あぁそう

山本みち子さん（後ろ）

なのかな、くらいに思っていたら。

なんで鉄砲の先で小突かれて横にならなきゃいけないの？なんて思っていた。それから、みんな、しくしく泣き出した。私の年代、みんなそうで」

――その接待所というのはどういう？

みち子さん「接待所というのが、本部にあって。なんかカウンターのようなのがあって、あれはもともと購買所か何かだったんじゃないの。

お布団が、ずらーっと敷いてあったよ。

そして、連れてきた女をね、ロシア人はバンって、押し倒す。

みんな嫌だから、ぐちゃぐちゃぐちゃぐちゃ、ってこんなふうに入っていくでしょ？

カウンターをこうやって曲がっていくでしょ。

そうすると、私なんか鉄砲でブーンとぶつかれて。横へ飛んで行ったよね。布団の上へ。

手を引いて寝ろ、じゃないよ。チャッと。汚いものをさわるみたいに、鉄砲の先で私たちを動かしたからね。（中略）鉄砲しょったまま、私はやられたんだもん。

これで私、抵抗したら、暴発したら私、死んでしまうよ。

心臓やなんかが、動いているかいないかもわからない」

お母さん、お母さんって泣くだけ

みち子さん「もうただ、お母さん、お母さんって泣くだけ。みんな、17、18やもん。泣いて。下のほうじゃ、友だちと手をつないで、がんばりなね、ねえ、ねえ、なんていうようなことしか言えない。変な日本語でしゃべっていたら、殺られちゃ困るからね。こうやって、握ってる」

――ソ連兵のことは、今でも思い出してしまうんですか？

「思い出すくらいの正気がありゃいいわよ」

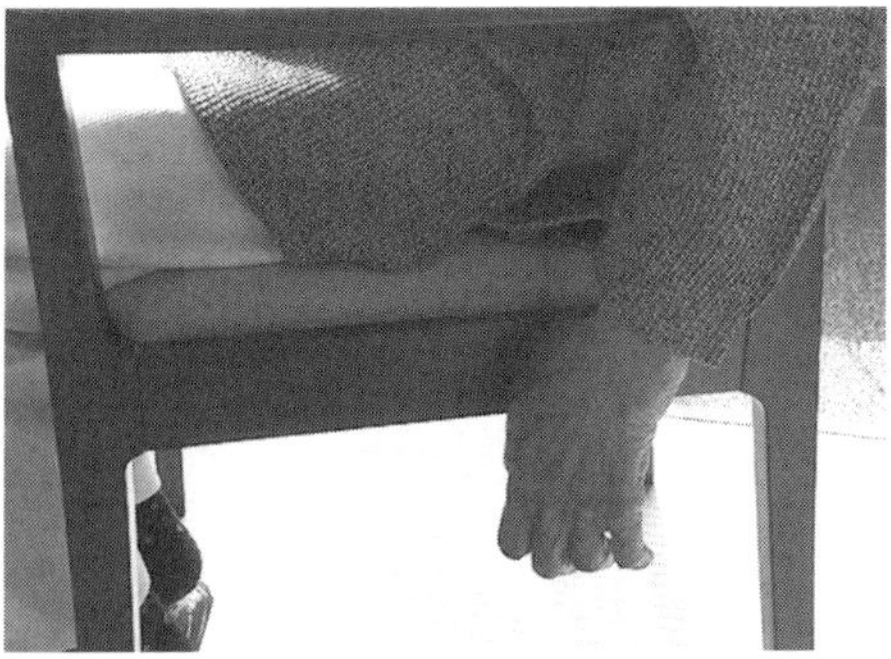

語る山本みち子さん
――その手

©NHK

「もう心臓バクバク、目は涙だらけ。早よ助けてもらいたいだけ。だから、顔なんて知らないし、鉄砲でこうやられただけ。あっちが痛い、こっちが痛い、そこで寝ろなんて言われたってねえ。みんなゴロンと横になるときだって、そんな素直じゃなかったやろうね、きっと。お母さん、お母さんって泣くだけ。泣くのと、接待って、私は最初にどつかれたときに、何が接待？　お酒の接待だと思ったら、何これ接待？って思ったことは頭にある。接待なんて知らない。普通、家庭でそんな言葉使わないですよ。（中略）学校で先生にお茶接待してきなさい、なんて運動会のときに言われる、ああゆう接待だと思っていたから」

――そうですよね……。その……、医務室にも行かれたことは覚えていますか？

「そのときはね、恥ずかしいよ……。洗浄してもらうじゃない。子どもができたら困るのと、病気がうつっちゃ困るのと。

そのとき私はね、（洗浄）されながら思ったのはね、東京のあの何？　花街？　そういう人たちがそうやって洗ってもらう話を小説で読んだことがあるの。こういうことなのかなぁなんて思ったことあった。うん。それも知らされてなかったけどね」

みち子さんは、善子さんの妹、ひさ子さんと同級生だった。すでに数えで18歳になっていたみち子さんは、接待に出て、まだ17歳で月足らずだったひさ子さんは接待を免れ、洗浄係をしていた。

みち子さんは、そんなひさ子さんを羨ましく思ったという。

みち子さん「そりゃ、羨ましいよ。傷つかずにね。みんなの洗浄をするだけだもん。（中略）私はね、（こんなに）お姉さんがほしかったことはなかった。お姉さんがいたら、かばってくれたのにな……と思って。お姉さんのある人は、いいなあ……と本当に思ったもの」

開拓団では日を追うごとに、発疹チフスが流行り、接待に出た女性のうち、４人が性病や発疹チフスで命を落とした。接待で犠牲になったうえに、性病になり苦しんだ女性の姿をみち子さんは覚えている。

「淋病ですごい膿《うみ》だった。腹が空っぽになるまで膿《うみ》が出たっていう話よ。一晩中。痛い、痛いって苦しんだって。見とれなかったという話を聞いたこともある。かわいそうだったよ」

最期の水、飲ましてやりたかった

開拓団一行が新京について間もなく、曽我久夫さんのすぐ横で、接待に行った女性のひとりが亡くなる。久夫さんは、このときのことを手記に詳しく記録している。

「新京駅前で休んでいる我々を見て、満人の物売りが小供の多いのに驚く。四晩も野宿を続けて食ふ物も食わず目ばかり光らしている姿を見て小供は可愛想だと言って、たべる物を恵んで呉れた。その晩は倉庫の様な少さ家のコンクリートの上で一晩を明す。

せまいせまい。たゞ家内一のたまりうずくまって横になる事もできない。（中略）すぐ側に娘さんが寝ている。しきりに水々と言って水を飲みた想である。水を飲ましてやりたいが、水はない。この勝手の判らないしかも最夜中である。朝までまって呉れ。

そして、夜が明けた。その娘さんは死んでゐた。最期の水であった。飲ましてやりたかった。（中略）この娘も団のため身を犠牲にして団をすくってくれた娘である。あの時（父親が）大声で泣いた事を今も思い出す」

（原文ママ／改行・句読点は筆者による）

（曽我久夫『手記 中華人民共和国東北省乃三年間』より）

両親の病死、そして開拓団を脱出した善子さん

善子さんの一家は、マラリアの熱に苦しめられることになる。

両親ときょうだい4人の6人で暮らしていた善子さん一家。

終戦後に、出征していたいちばん上の兄が満州に帰ってくる。しかし、マラリアの熱に侵され、12月に死亡。翌年の4月には父が亡くなり、そして、その10日後には母が、何も食べなくなってしまった。

そのときのことをひさ子さんは、こう語っている。

ひさ子さん「姉さんが看病して、お母さんに何か食べさせようと思って口まで持っていくけど、お母さんは絶対に食べなんだ。ほんでも、もう水も飲まなんだって。飲んだら生きる、お母さん自決やって。自分で飲まなんだ、食わなんだ」

善子さんも、生前のインタビューで両親が亡くなったときのことを語っていた。

善子さん「今から思うとね、父が亡くなったときに途端に母がね、ものを食べなくなったんですよ。こうやって口を開けて水を入れても全部出しちゃうでしょう。

なんでそんなことをするのって、病気で食べないと思ってたんですけど、気丈な母やったね、死のうとしたんやね、そう思いますわ。

ほんでね、いくら口に入れてやっても、終戦後やからね、生きとっても、自分が生きとっても子どものじゃまになると思ったんでしょうね。食べてくれないの。

ほんで、弟と怒ってね、こう持ち上げて、口を開けて、いざこう入れるんですよ。

それでもバーッと意識的に吐き出してしまうんですよ。そしてね、20日間、父が死んだのが4日で、24日で20日間、そうやって飲まず食わずで、人間って20日間飲まず食わずでおると、死ねるんですね。朝見てみたら、冷たくなってる。

いちばん下の弟は、お母さん子やったもんで、こうやって背中に抱きついてね、離れないんですよ。そんで、毎晩毎晩お母さんに抱きついて寝てて、それで朝見たら冷たくなってるもんでね。それで弟に離れよと言っても、冷たい母にしっかり抱きついとって。

親戚の丈夫な男の人が来て、そしてお母さんを、あれは棺桶がないもんで、大きな柳行李《やなぎごうり》があったんですけど、その柳行李にお母さんを入れて、しょってね、お墓へ連れてって、持ってってくださったの」

「お墓はね、ちょうどこの家の高さぐらいまで深く掘ってね、冬だから人が死んでも掘れないから、暖かいうちに掘ってあった。

1週間に7人ぐらい……、1日に7人ぐらい死んだし、ひどいときは。

で、持っていって、ごろんごろんと入れると途端に、冬だから凍ってしまうのね」

（2015年1月10日、満蒙開拓平和記念館所蔵映像より）

そこから、善子さんは4人きょうだいの母親代わりとなって、開拓団からの脱出を試みることになる。

善子さんは、ひさ子さんら妹・弟たちを連れ、引き揚げのようすを偵察に行く団員にまじって、陶頼昭から脱出した。

4 満州からの帰国

ソ連軍の撤退

57万人余りの日本人捕虜をシベリアへ抑留したソ連軍。

敗戦翌年の１９４６年3月、ソ連軍は国際的な批判を受け、満州からの撤退を始める。ついに、陶頼昭からもソ連軍が撤退を決めた。曽我久夫さんの手記「中華人民共和国東北省乃三年間」には、そのときの複雑な心境が記されていた。

「司令官は黒川開拓団に、ソ連に帰るべく挨拶に来た。

『皆さんとは一年以来の親交であったが、もうお別れの時が来た。イギリス・フランス・イタリーなどの国々と共に、世界の平和のために尽して下さい』と言って別れて行った。その時、本部の広場に五米位の間を置き向い合って長く整列した。団員は長く整列したての五米位の間を乗馬で●●（不明）駆けぬけていった。

我々は『スッパコイノウ*』と声の限り叫び続けた。これは私々の司令官との別れの言葉だった。

あの団の襲撃の時、時動小銃で射撃して、暴民を追い払って呉れたことを思い出す。若き司令部から来て呉れなかったら、我々日本人六百人はどうなった事か。そのことを思い出すと、身も心も引き締まるようである。

敵と言えども、我々を助けてくれた司令部のソ連兵有難度う。こうした事には、悲しい代償があった。

日本人の乙女たちの若い青春を犠牲にした事。

この最大の恩人ともいうべき人とその感情が入り混じって、この別離の情は、今日、時々考え込んでしまうことが、よくある」

（原文ママ／改行・句読点は筆者による）

＊ロシア語で本来は「落ち着いて」「安定して」の意。ここでは「ご無事で」といった意味かと思われる。（筆者注）

日本への帰国

終戦後、中国・陶頼昭に留まり続けた黒川開拓団も、ようやく帰国への道を探り始める。そして１９４６年8月13日、終戦からちょうど1年が経過した後に、黒川開拓団は陶頼昭を出発。

中国国内では内戦が勃発し、毛沢東率いる共産党軍と蒋介石率いる国民党軍が激しく争っていた。開拓団は日本に帰国するため、南下し新京（現在の長春）を目指していたが、陶頼昭を出る時点で、松花江を渡るための橋が破壊されていた。

松花江を渡らなければ、日本に帰国できない——。

日本へ引き上げる道中、松花江を渡るために、中国人にも船賃として要求され、女性が犠牲になったことをハルエさんは思い出す。

ハルエさん「もうソ連兵に犠牲になってるから、ここを渡るために、あんたら頼むよと言われて。それは仕方ありません、みんなのためになるならがんばりますと。

ほんで、あのとき何人だったか覚えがありませんけど、亡くなった残りですのでね」

ハルエさんらが中国人を接待することで、船を出してもらうことになったのだ。

「結局、そういう犠牲にならなかったら、鉄橋を落とされちゃったでしょ。ほんで私らは向こうへ行ければ汽車に乗れるけど、向こうへ行かんかったら、汽車に乗れないから、私ら、みんなのためならがんばりますって。

そのときは何人おったでしょう。5人くらいはおりましたかね。覚えがはっきりないけどね。もう生きている人も少なくなりましたので」

こうして再び、ハルエさんたちが接待に出ることで、何とか引き揚げ船に乗ることができ、ハルエさんは、開拓団と一緒に、１９４６年9月23日、帰国を果たす。

先に開拓団を出ていた善子さんたちは、１９４６年9月8日に帰国。

ただ、山本みち子さんは八路軍の従軍看護婦として留用され、帰国できたのはさらに6年後の１９５２年5月だった。

若い女性たちの犠牲によって、黒川開拓団約６５０名のうちおよそ４５０名が帰国を果たした。集団自決などで全滅する開拓団もあるなか、多くの人が帰国することができたのだ。

しかし、女性たちの多くは、数か月ののちに、梅毒や淋病に冒された。接待に出た15人の女性のうち、４人が現地で命を落としている。

黒川開拓団が引き揚げた九州・博多港。

港近くの診療所では、当時、満州でソ連兵からの強姦により妊娠した女性たちの中絶手術が極秘に行われていた。

診療所の跡地の一角には今も、女性が幼子を抱いた石仏が建てられている。

陶頼昭にて、黒川開拓団の人々

ソ連兵はなぜ、黒川開拓団にやってきたのか？

NHKディレクター　夫馬直実

ここまで、元黒川開拓団の方々の証言を軸に、旧満州陶頼昭での出来事をたどってきた。
ここで、当時の国際情勢を俯瞰《ふかん》して、なぜ、ソ連兵が黒川開拓団にやってきたのかを綴《つづ》りたいと思う。

今回の番組では放送時間が限られていたため、「ソ連は日ソ中立条約をやぶり、8月9日に、突如国境を越えて侵攻」とひと言ふれただけにとどまった。しかし、そこには日本、ソ連、アメリカ、イギリスをめぐる高度な国際政治に、開拓団をはじめとする市井の人々がいかに翻弄されたのか、その断片が垣間見える。

どういうことか？　歴史を紐《ひも》解くキーワードは、「ヤルタ会談」と「ポツダム会談」。

ヤルタ会談

まず、ヤルタ会談とは、第2次世界大戦末期の1945年2月にクリミア半島のヤルタで開かれた米英ソの首脳会談のこと。ルーズベルト米国大統領、チャーチル英国首相、ソ連から最高指導者スターリンが出席。ドイツに対する戦後処理問題について話し合われた。

しかし、このとき、米英ソが交わした密約が存在していた。ソ連を対日参戦させるという、いわゆる「ヤルタの密約」だ。密約をもちかけたのは米英。当時、日本軍は劣勢に立たされる中、絶望的な抵抗を続けていた。いつまで戦いは続くのか。日本軍、そして米英の兵士、双方の犠牲者が増え続けていた。こうした現状を打開するには、一刻も早く日本を降伏させる必要があり、ソ連が参戦すれば日本は確実に降伏するだろうと考えられたのだ。

このときはまだ、日本とソ連は、1941年に調印された「日ソ中立条約」によって中立を保っていた。その中で、スターリンは対日参戦を決定した。参戦にともない、スターリンが主張したのは樺太南部や千島列島などの領有、南満州鉄道の中ソ共同運営の保証。

そして、対日本戦に向けた戦力を移動させるため、参戦の日取りは、当時ソ連が戦っていたドイツが降伏してから3か月後に予定された。

歴史に「もしも」はないが、日本の敗色が濃厚になっていく中、玉砕戦を続けていなければ、開拓団の運命は変わっていたのかもしれない。というのは、米英がソ連と同盟を結んだ目的はドイツと戦うため。一方で、米英はソ連の急速な台頭を警戒しており、ソ連の対日参戦はアジアにおける共産圏の拡大を招くリスクがあったからだ。

しかし、米英は結局、自国の兵士の犠牲を減らすために、スターリンの主張を受け入れた。こうした国際政治の駆け引きによって、黒川開拓団のいる満州への侵攻が、終戦への道筋として定められていくのだが、この直後、事態は急転換を迎える。

ヤルタ会談の2か月後、ルーズベルト大統領が急死。トルーマンが新たな米国大統領となる。5月、ドイツが降伏し、米英ソの連合軍に抵抗を続けるのは、日本のみになった。

ポツダム会談

そうした状況下、1945年7月、ドイツ・ベルリン郊外で開かれたのが、ポツダム会談。対日戦や戦後のヨーロッパ問題について話し合うため、チャーチルの呼びかけで、トルーマン、そしてスターリンが集まった。

実はこのとき、日本も終戦工作に動いていた。昭和天皇の和平の意向を伝えるもので、駐ソ大使ルートから、スターリンへと電報が届けられていた。日本がソ連に期待したのは、「米英との停戦の仲介」。しかし、スターリンは日本からの電報を意に介することはなかった。

一方、ソ連へ当初、対日参戦をもちかけた米英だが、ポツダム会談の最中、対日参戦への方針を大きく転換していたことが近年明らかになってきている。

引き金となったのは、ポツダム会談2日目の7月18日にもたらされた報告書。2日前の16日、米国ニューメキシコ州で世界初の原子爆弾の実験が成功したという内容だった。

そこには、原爆がすさまじい威力を秘めていることが書かれており、トルーマンとチャーチルは、原爆の投下のみで日本を降伏させることができると考えるようになった。

つまり、これまでスターリンにもちかけてきたソ連の対日参戦は、米英にとって、アジアの共産圏の拡大を招くリスクしかなくなった。そこで、ソ連が対日参戦するよりも早く原爆を日本に投下して、戦争を終結させるという方針がポツダム会談中、急きょ打ち立てられたのだ。

この時点で、「日本をどのように降伏させるのか」は、大国同士の戦後の覇権争いと化していた。そして、そうした国際政治を知るよしもない市井の人々に向けて、戦争が重くのしかかる。

回避はできなかったのか

広島・長崎への原子爆弾の投下によって、その年だけで22万人もの命が失われた。また、中国東北部（満州）へとソ連が侵攻したことにより、多くの満蒙開拓団が危機にさらされた。

ここで、いま一度思い出してほしいことがある。

「原爆を投下すれば日本は降伏する」

英米は、ソ連参戦より前に原爆を投下し、日本を降伏させようとする。

そして、1945年7月26日、日本への無条件降伏を呼びかける「ポツダム宣言」が米国・英国・中華民国によって発表された。これに対し、日本政府は国体（天皇制）護持を何よりも重視し、ポツダム宣言を「黙殺」する。

8月6日、アメリカは広島にウラン型原子爆弾を投下。8月9日には、長崎にプルトニウム型原子爆弾を投下する。

一方、ソ連を率いるスターリンは、諜報《ちょうほう》活動から、米英がソ連参戦を待たずに、原爆のみで日本を降伏させようとしていることを把握していた。そのため、中国東北部へ送り込む兵士を急ピッチで輸送していた。

8月8日、ソ連は日ソ中立条約を破棄。翌9日の未明、中国東北部（満州）へ侵攻する。

陶頼昭に侵攻したのは「ザバイカル軍」。ドイツとの熾烈《しれつ》な戦争から休む間もなく投入された兵士たち。

日本がポツダム宣言を受諾したのは、8月14日。

日本の関東軍はいち早く撤退し、なんら自らを守る術をもたない黒川開拓団が、ソ連兵と直接対峙《たいじ》することを迫られたのだ。

■第2次世界大戦 終結への道程

1945年

2月4日～2月11日 ヤルタ会談（ヤルタにて米英ソ首脳会談）、ソ連を対日参戦させる密約

7月17日～8月2日 ポツダム会談（降伏後のドイツ・ポツダムにて米英ソ首脳会談）

7月16日 米国、世界初の原爆実験成功。18日、ポツダム会談中に報告される

7月25日 トルーマン米大統領、原爆投下の決定を承認

原爆を確実に投下するため、作戦は航空機から投下目標が目視できる最も早い日と決められた

7月26日 日本への無条件降伏を呼びかける「ポツダム宣言」を米国・英国・中華民国が発表

8月6日 午前8時15分　広島にウラン型原爆投下

8月8日 ソ連、日ソ中立条約を破棄。翌日未明、日本軍がいる中国東北部（満州）へ侵攻

8月9日 午前11時2分　長崎にプルトニウム型原爆投下

8月14日 日本がポツダム宣言を受諾

8月15日 玉音放送

Ⅱ　それぞれの戦後

5　家族――つながっていく命

新たな開拓地へ、蛭ケ野に移住した佐藤ハルエさん

開拓団の人々はそれぞれの戦後をどのように生きたのか——私は、引き続き取材を続けてみることにした。

犠牲になりながらも、最後まで開拓団とともに日本へ帰国した、佐藤ハルエさん。帰国後は生まれ故郷の岐阜県佐見村へもどった。

しかし、故郷では満州から帰ってきた女性に対する悪い噂《うわさ》が流れていた。

帰国後、故郷の岐阜県佐見村にて
現在の加茂郡白川町の北東部
1956年、白川町・佐見村・黒川村・蘇原村が合併して白川町となった

ハルエさんは言う。
「うちの弟が、姉《ねえ》なんか、佐見のへんなんか誰も嫁なんかもらってくれんわ、なんて言ったがね。そりゃ、こういうとこやで安気《あんき》に暮らせる、そんな既存農家なんか行けませんよ。悪い情報がいっぱいになっておって。満州帰りはろくなことない、女はいろんなことにあっとるしってね」

それ以上、ハルエさんは故郷でのことをあまり多く語ろうとはしなかった。

引き揚げから3年後、ハルエさんは故郷を離れ、人里から離れた山奥で、山林を開拓することにした。冬は雪に閉ざされ、湿地帯が広がる山林。蛭《ひる》しかすまないという意味で「蛭ヶ野《ひるがの》」と呼ばれる場所だった。

ハルエさん「最初の頃は稗《ひえ》とか粟《あわ》を作ってましたね。焼き畑なんてのは、ここに来るまで知らなかったんです。焼き畑にして稗や粟を作って。寒かったけど、着る物もなくってね」

電気もガスも通らない山の中には、ハルエさんと同じく満州の開拓経験者が多く集まった。湿地帯が広がる蛭ヶ野の荒れ地を開墾するには、3年がかかったという。

上／故郷・佐見村から蛭ヶ野へ移住した当時
中央・着物姿の男性から左に2人目がハルエさん
写真提供＝佐藤ハルエさん
下／蛭ヶ野開拓、木を切り出す
写真提供＝岐阜県郡上市たかす開拓記念館

電気が来たのは1957年。

ハルエさん「電気が来たときは、それはまあ、本当に目を見張るくらいにうれしかったですね」

この蛭ヶ野で、ハルエさんは満蒙開拓青少年義勇軍に行っていた佐藤健一さんと結婚。

「主人も引き揚げですから。私が犠牲になって、病気になったことも知っとって、納得で迎えてくれたんですよ」

2人は、ジャガイモをつくって資金をため、1頭の山羊を飼った。

やがて、山羊のミルクを売って資金を増やした。そして、それを元手に乳牛を飼い、1頭から40頭にまで増やし、酪農家として「ひるがの牛乳」を生産してきた。

夫・健一さんとともに、4人の子どもを育て上げた。

ハルエさんたち、蛭ヶ野の開拓婦人らは協力して生活の知恵を分け合う冊子をつくった。『りんどう』と呼ばれる雑誌は、医者のいない山の中での「急性肺炎の手当法」や洋服の作り方やネギの貯蔵法などの生活情報のほかに、詩や短歌、日記などを掲載して、お互い楽しみながら情報交換をして暮らしてきた。

ハルエさんと夫・健一さん

「ひるがの牛乳」を製造

娘を抱くハルエさんと息子・茂喜さん

納屋で作業するハルエさん

手前右がハルエさん
蛭ヶ野の大日婦人ホームにて

ハルエさん「食料から何から、苦しいところを通りましたけど、ここから出ようとは思わず、ここの開拓でがんばったから。
やっぱりね、それはあの外国であんな目にあったから、それはここでどん底まで落ちたって、苦しいとは思いませんね」

ハルエさんの今の日課は風呂焚《た》き。

電気が来るようになった今も、薪《まき》でお風呂を焚いている。

「やっぱり、薪でたいたお風呂はあったまりますから」

そう言って、次はかつての牛舎に向かう。

かつての牛舎には今、山羊が1頭と鶏たち。そのお世話も日課のひとつだ。

天気のよい日は今でも時折畑へ出ては、息子・茂喜さんの畑仕事を手伝う。

ちょうど収穫できる時期に訪れると、息子さんとともにサツマイモを掘っていた。

ハルエさん「大きいんですよ！」

そう言って笑うハルエさんの手には、本当に大きなサツマイモ。

出会った頃、ハルエさんは私に、「ここの開拓なんて大したことはない」とおっしゃっていた。ようやくその意味が、少しだけ、わかったような気がした。

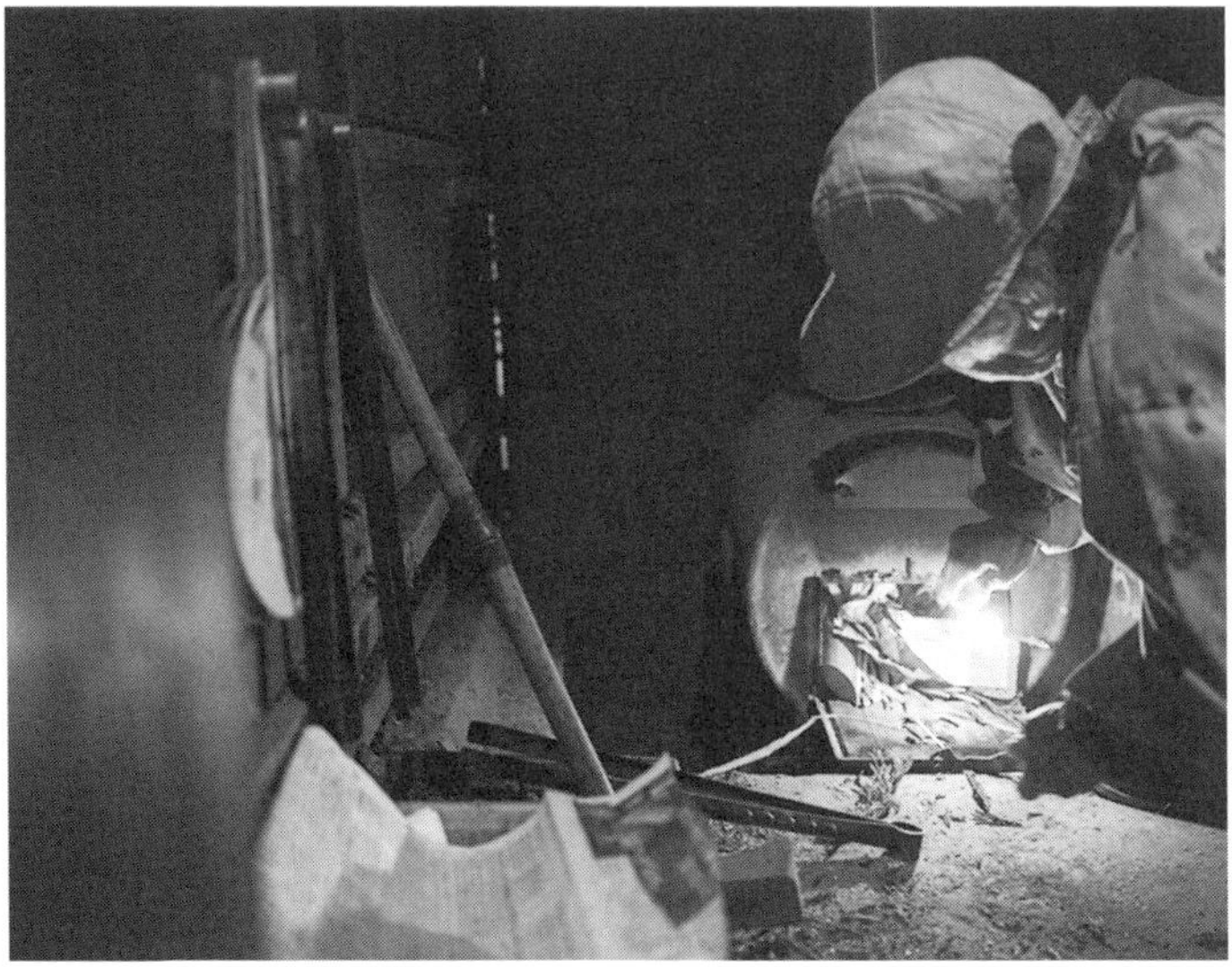

薪でお風呂を焚くのは今のハルエさんの日課

牛舎に向かうハルエさん

山羊の世話をするのも日課のひとつ

佐藤ハルエさんと息子・茂喜さん
かつての牛舎にて

きょうだいを守り、生き抜いた安江善子さん

両親を亡くし、開拓団を離れ帰国

満州で両親を亡くし、開拓団を早くに抜け出した安江さん姉妹は、その後、開拓団を離れ、帰国を目指す。生前、安江善子さんは、その一部始終をインタビューに答えている（2015年1月20日、満蒙開拓平和記念館所蔵映像より）。

（ここでは、生前の安江善子さんのインタビューと、鈴村ひさ子さんへの取材を組み合わせて構成する）

善子さん「1か月のあいだに2人、両親を亡くしちゃったもんでね。ここにおったら自分の体も命も危ないから、（中略）弟たち、妹は女の子だったけど顔に墨を、髪の毛切っちゃってね。男の服を着せて。で、私も男装して弟2人連れて、夜暗くなるのを待ってね。陶頼昭の駅まで4人で、隠れながら行ったんです。

駅に行ったら九州の人たちが、日本人が疎開する電車に乗るために待ってみえたもんで、あぁ、よかったと思ってその人たちと一緒にね、新京、それこそ無鉄砲に、食べるものも何もないのに新京まで。今は長春と言いますけどね、新京へ出たんです」

なんとか、陶頼昭を出発した安江さんたち4人きょうだいだったが、食料もなく、わずかなお金を持って新京で生活をすることになった。

「新京には、日本人街と、その大きな昔の国務院というのがあったんですけど、それが天井が落ちちゃってね。で、その壊れてしまったところが残ってたんです。そこの一部を空いたところの屋根の下にもぐり込んでね、そこで生活を始めたんです」

お金もすぐに底を突いてきてしまった。

しかし、わずかなお金を増やすために、善子さんは妙案を思いつく。

「日本人街に行って衣類、着物を出してもらって、安く買って、それを市場へ売りに行ったんです。1000円で買ったものを2000円で売ると、1000円儲《もう》かりますでしょう。その儲けたお金でお米と味噌《みそ》とか子どもたちに食わせるものを買って、残りはまた全部仕入れてきて、次の朝売りに。

それで米や味噌、帰国するためのね、材料を仕込んで夜になるとそれを鍋で煎るんです。煎った米も全部袋に入れてね。４人に分けて、そしてリュックサックの小さいやつを母が縫ってくれとったもんで、その中へみんな一人ひとり詰めて、一人ひとりになっても食べるもんに困らんように入れてね。そして１か月ぐらいしてから、引き揚げ列車が出発するということで、すぐに、駅に集結して」

そしてようやく、日本へ帰国できると思った途上でも、問題が起きる。

善子さん「弟が途中でね、お腹が痛いとかお手洗い行きたいとか言うもんで、汽車が停まったときに、ほんなら今停まってるから行ってらっしゃいと言ったら、弟が帰ってこないうちに汽車が動き出してしまったんです。

ほんで、私、心配してね。ほんで見ても汽車は動くでどうすることもできない、待ってくれとも言えないしね、行っちゃうし、弟はまだ帰って来ないしね。

妹に、ねえちゃんは弟を探しに降りるで、あんたらはこの日本人の人たちの行く所まで行きなさい。後から追っかけて行くからということでね。で、お金を渡して、で、その駅で弟を探すために降りようとして。そうしたら真っ赤っ赤な顔をした弟が線路を走って来るんですわ。私、もう抱えて喜んでね。で、まあ、汽車の上に引き上げて、そして、よかったよかったということでね。

もう絶対離れては、お手洗い行きたくてもねえちゃんがちゃんと始末してあげるで、お手洗い行ったらだめだということでね。ほんで、あれですわ、いろいろ苦労してね……」

一家は、なんとかはぐれることなく、列車に揺られ葫蘆島《ころとう》へ到着する。しかし、そこではもう、食料も尽きてしまっていた。

「全部尽きてしまって、もう食事もないもんでね。で、妹を、うどん屋とかラーメンとか売る店があったもんでね。そこへ私が頼みに行ったの。妹を店に使ってもらえませんかって。ここに滞在するあいだ、１週間になるか10日になるかわからないけど。

そうしたら、その店員が日本人のお店だったもんで、いいよいいよということで、妹に、残ったものをうどんでもなんでも捨てないで持って帰りなさいと言ってね。妹は一生懸命、袋に入れて持ってくるんです。それを弟たちに食べさせてねえ。

そいで、そうしとるうちにね、１週間ぐらいたったら葫蘆島から船が、引き揚げの船が出るから乗れるということでね。それに乗り込んで、水筒に水をいっぱい入れて、食べるものも残りも全部持ってね。で、船に乗せてもらって博多へ上陸したんですよね」

こうして開拓団とは別に、安江さんきょうだい４人も、日本への帰国を果たす。

帰国しても帰る家がない

このとき、博多から汽車に乗って岐阜にもどってくる道中が、なんとも言えない寂しい気持ちだったことをひさ子さんもよく覚えていると言う。

ひさ子さん「博多で汽車に乗って、あれはね。あそこのちょうど夕暮れに山陽線をずーっと通ってくわね。

そのときにみんながテーブルを囲ってね、汽車から丸見えでね、汽車の窓から、山陽線のどこらへんかあれか知らんけど、みんなが夕食のごはんをね。テーブルを囲って食べとる風景を見てね。私んらも、あんなふうにみんなと一緒に夕食をとるというような、あんな光景に……もう本当に、そういうことを思って、山陽線をずっと来た覚えがあるね」

しかし、善子さんは故郷の岐阜にもどってきたときに、ようやく待っていた現実に気づいたと言う。生前、次のように語っていた。

善子さん「岐阜の駅に降りたときにはじめてね、自分が行き着く家がないということに気がついたんです。自分の家を売っちゃって、山も何もないでしょう。家はあるけど住めない、他人が住んでるから。どうしようと思ってね」

善子さん一家は満州へ移住するときに、もう帰って来ないつもりで家も畑も売り払ってしまっていたのだ。故郷にもどっても帰れる家がない……そう気づいた善子さんは、岐阜駅で、仕事と住む場所を探した。

善子さん「夜中に岐阜駅に着いたもんで、（駅で一晩寝て）朝起きて、ほんでまだ高山線が出るまでに時間が5、6時間あったもんでね。

妹や弟を駅に残しといてね、私は神田町をずっと通って県庁に行ったんです。県庁の援護局、引揚援護局というところがあったもんで、そこへ行ってね。きょうだいだけで帰ってきたけども、田舎へ帰っても仕事がないし、うちがないしね、何とかこの辺で弟が学校を卒業、まだ学生だったもんでね、弟は。学校を卒業するまで一緒に4人で暮らしたいで助けてもらえませんかと言ってね、県庁の人に頼み込んだのね、引き揚げの援護をやっとる人にね。

そうしたらいい方でね。今、岐阜駅前の問屋街で仕事をしとる人みんなそんな人、行き場のない人ばかり集まってやっとるから、あそこで仕事を、衣類を売ったりね、どうやってもいいし、なんでも好きなことをやれるように頼んであげるから、あんたたち4人暮らせるように。

だけど努力しなきゃ、もう競争だから、満州とはずいぶん違うんだから、覚悟を決めてやってよと言われて、私も、もう岐阜の駅で暮らすつもりでね」

覚悟を決めた善子さんだったが、一度は故郷にもどりたいという気持ちと、もしかしたら親戚が助けてくれるかもしれないという期待があった。

「でもねぇ……心の中に在所に行きたい、生まれた所へ行きたいという気持ちがものすごくあるもんで、で、その、県庁の人に、いったん自分の生まれ在所へ帰って、親戚がめんどう見てくれなかったら来るけ、頼むと言ってね。で、その約束しといて、その妹や弟を連れて帰ったんです」

4人きょうだいは、少しの望みをかけて父親の在所へ行き、父親のいとこを訪ねた。

善子さん「父のいとこがね、『おまえたち帰らんという話で行ったじゃないか。今さら帰ってきて、この食糧難というか、日本でも食えないのに4人も帰ってきてどうするんや』と言うのね。私、『今岐阜で約束してきたから、岐阜へ出て働くで、ただ、その、いっぺんみなさんに会いたいで来ただけだから、明日岐阜へ出ます』と言ったのね。

そうしたら、そのいとこがね、『そんなことはできん』と言うんやね。『なんで?』と言ったら、今、そのパンパンというのが流行っててね、その、食っていけなければパンパンやって食っていく人が多いんやて。

『おまえ、そんなことできるか』と言うもんで、『何か食っていけるんでしょ』と言ったら、『そんなことは……、俺はいくら自分に食べるものがなくてもね、おまえたちを岐阜へ送り出すことはできないで』と言って。

まあ、とにかくこの父の在所のお兄さんがね、口ではきついことを言ったけど、心の優しい人やったんやで、食べるものない中、4人を置いてくれたんですわ」

こうして、無事故郷にもどった善子さん一家は、父親のいとこの家の裏にある納屋を借り、そこで暮らし始めた。

ひさ子さんは郡是《ぐんぜ》製糸という製糸工場で住み込みの仕事に。上の弟は母方の実家に、そして善子さんは一番下の弟を引き取り、学校に通わせながら必死で働いた。ひさ子さんはそのときのことをこう思い出す。

ひさ子さん「弟を孤児院にっていう話があったんだけど、どうしても孤児院にやるのがかわいそうでやれなんだ。それで、姉さんはなんとかして下の弟を中学は出してやりたいってがんばったのよね」

善子さんは弟を学校に通わせながら、昼間は木工所で働き、夜はミシンを借りてきて洋服の修繕を請け負って働いたという。

善子さん「昼間は木工所で働いて、夜はね、近所のお直しちゅうか、あれを、古い着物を修繕することがいっぱい、着るものがなかったもんでね。で、古いミシンをどこかで私は借りてきて始めたら、ものすごい仕事があるんですよ。

私は銭は要らないから1合でも2合でも、お米ちょうだい、豆ちょうだいとか、あるものちょうだいというふうで、夜、一生懸命縫ってね、それを食べるものに代えて、昼は木工所へ行って働いて、そんなことを1年ぐらいやっててね」

それでも日々食べていくのに精いっぱいだったという。戦後の食糧難の時代、やはり食料がないことは、善子さんたちきょうだいをいちばん苦しめたことだった。

帰国後の安江善子さん

ミシンに向かう善子さん

善子さん「いちばん悲しかったのはね、食べるものがなくて、（親戚の）おばちゃんからもらった丼の中に大根葉やいろいろ切って入れてね、増やして、そして弟たちに食べさせて。だけども、お腹がふくれないもんでね。丼にお湯を入れてやっても、弟たちは箸をこうやって立てて動かないんですわ。

ほんなもんで私が『寝なさい』と言っても、『お腹ふくれないで寝れん』と言うんで、叱ってね。『ねえちゃんも何も食べてないのに、あんたは少し食べたんだから寝なさい』と言って、ほんでも泣き出してね。『もっと食べたい』と言うんです。それは本当にね、本当に草ひとつ、ヨモギの葉っぱまでなかったんですよ。みんなが持っていっちゃってね」

そんな食糧難の中でも、製糸工場から正月に帰ってくるひさ子さんのために、少しずつお米をためて、正月だけはおなかいっぱいのごはんを食べた。

ひさ子さん「少しずつ、少しずつ『貯金』してあったのよ、米を。正月にひさ子が来るでって。そういう話を姉さんから聞いたね。まったくね、食糧難なんて言って、お金がないより食糧難のほうが怖い」

さらにに女性は「引揚者」というだけで差別にあったと言う。

ひさ子さん「引揚者の娘、引揚者の娘ということで、結婚も遅れぎみになってくることもあって。恋愛をしても『引き揚げてきた身である』ことを言うと、男が引いちゃうっていうね。姉さんが言ってたわ。

本当に引揚者はかわいそうや、男に去られてしまうで。

本当にもう、姉さんとね、もうまったく泣いて話したことがあるね。

生きてこなきゃよかった。

あんな、死んだほうがよかったっていうことを、何度泣いて話したか。

死んだほうがよかった、生きてこにゃよかったっていうことをね」

善子さんの結婚、妹ひさ子さんの決断

善子さんは、弟を卒業させた後、妹を同じ村の男性と結婚させる。そして、自らは隣の家の男性と恋に落ちる。それが、シベリアから帰ってきたばかりの、安江愼吾さんだった。

愼吾さんは、今も岐阜県大垣市で暮らしていると聞き、お家を訪ねることにした。仲のよい夫婦だったという。愼吾さんは、善子さんが亡くなった後、毎日墓前に手を合わせている。

愼吾さんの家は、善子さんが身を寄せていた父方のいとこの家の隣だった。裏の納屋で生活する善子さんのもとを訪れたときのことを、こう思い出す。

愼吾さん「昭和24年のね、正月にのぞいたというのが、はじめてやないかと思うんですがね」

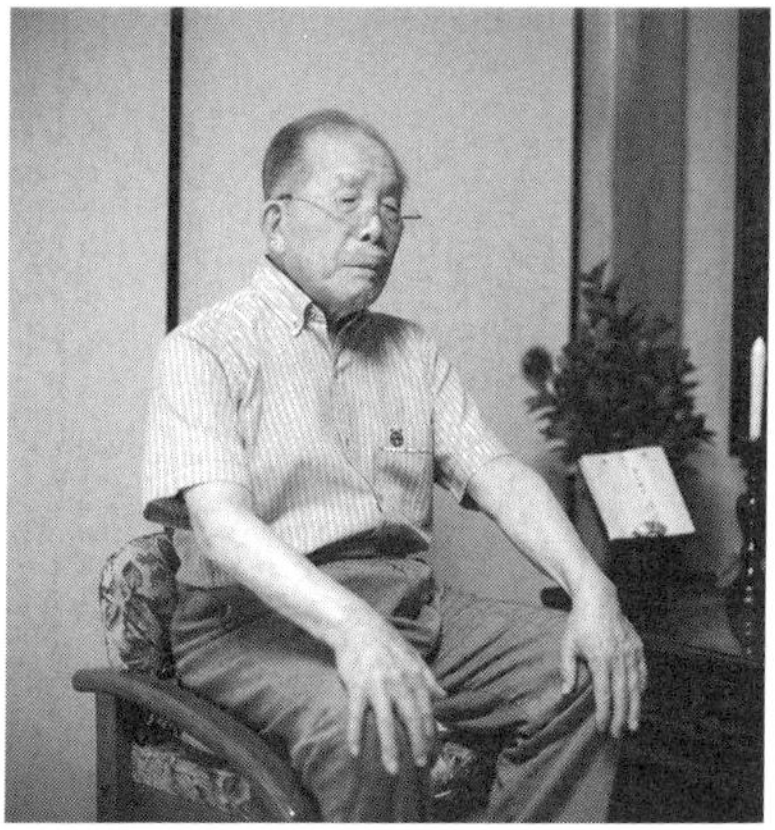

安江善子さんの
夫・安江愼吾さん

それから、愼吾さんは森林組合に働きに出るようになるが、ふたりはよく顔を合わし、お互いに詩を贈り合う関係になったという。愼吾さんは今でも、そのとき贈られた善子さんからの詩を大切にもっている。

そこには、善子さんが愼吾さんだけには心を許していたようすが、綴られていた。

「君が身に　つゝがなかれと　祈りつゝ　今日も淋しく　ミシン踏みをり」　（原文ママ）

「許されるならば　御胸に抱かれて　心行く迄　泣きたいものを」　（安江善子「短歌集」

「三とせ前　引揚《かへ》りし時にくらぶれば　恋りし我は弱くなりおり」　〈昭和二十一年〉より）

やがて、ふたりは結婚。

善子さんは、愼吾さんと結婚したときのことを、生前、次のように話している。

善子さん「その主人に拾われたちゅうか、10月に結婚してもらったときはね。何がいちばんうれしかったかと思うか、もう私ひとりで食べるものを考えなくてもいいなと思って、一緒に考えてくれる人がいてくれるから、それは本当にうれしかったですね。

自分で、明日何食べようとか、明日のお米どうしようということを、考えるけど、ふたりで考えられるでしょう。それが本当にありがたかったんですわ」

愼吾さんは養蚕技師の資格を取り、岐阜県内各地で、お蚕の飼い方を教える仕事に就いた。善子さんと二人三脚の生活が始まったのだ。

だが、善子さん・愼吾さん夫婦には子どもが生まれなかった。そのことを知ったひさ子さんは、ある重大な決断をしたという。

安江善子さん・愼吾さん

ご自宅でのインタビューで、ひさ子さんはこう語った。

ひさ子さん「私も、もう本当にあの、姉さんがあって、私んたが帰って来れたようなもんでね。姉さんというものは親よりも何よりも、姉がね。姉さんがどうか幸せに、子がないためにね、離婚やそんなことになってしまったら困るで。で、子どもをひとりやれば、幸せに愼吾さんと一緒に暮らせるでね。私は本当に、私としては、姉さんがあったもんで、帰ってこれたで。姉さんの恩返しに、恩返しに子どもを使うっていうのは、いかんけども、そのようなつもりで」

ひさ子さんは、子どもができなかった善子さん・愼吾さん夫婦のために、次男の泉さんを養子に出すことにしたのだ。

「1歳の誕生日を迎えて、10日目に連れて行ったね。どうせやるなら、大きくなってからやるとやっぱしあれやで。親戚みんなを呼んでね、泉の、この子の門出やって言ってね。したら、姉さんは、毎年毎年よ。夏休み、春休み、それもうちにまだ女の子がひとりあるでね。きょうだいを離したらかわいそうやって言ってね。毎年夏休みに来るのよ。夏休みやら、大きな連休に連れてくるのよ。

そうしたら、泉が私にね、おばちゃん、なんで僕を、この姉さんのところへ、僕をなんで出したっていうことをね。何年生くらいやったかな、私に聞いてきたけどね」

愼吾さん・善子さん・泉さん

後ろ左から、安江善子さん・妹ひさ子さん・愼吾さん
手前左から、泉さん・希夫さん

ひさ子さん「私、そのとき返答ができひん。

で、もうそれで、子どもがなかったもんで、姉さんには、そうやっておまえを養子に出したんやけども、まあそういうことは、『大きくなればわかるで』なんて言ってね。そう言った覚えがあるね。『なんでぼくを、安江家へやった』ということを、私に責めてきたことがあった」

ひさ子さんは、そのときのことを思い出して、少し笑った。

ひさ子さんは、今でも枕元に亡くなった姉・善子さんの写真を貼っている。

「何か迷ったときには、『姉さんならどうする？』って聞いたりしてね……」と話した。

善子さんの写真を見ながら語るひさ子さん

善子さんと泉さん

善子さんは、ひさ子さんから養子に出された泉さんを、それは大切に育てた。

家族写真を撮るのが趣味だった善子さんは、時折、写真を撮った。

子どもの成長が、何よりも楽しみだったという。

善子さんは戦後、接待に出た女性たちをたびたび集めては、普段は言えない悲しみや憤りを吐露する場所をつくっていた。「乙女の会」と名づけられたその会は、毎年のように開かれていたという。

善子さんが1990年、66歳のときにつくった「乙女の曲」という詩が、ひさ子さんの部屋で見つかった。それはその後「乙女の碑」と題されて、遺族会会員に共有された。

「乙女の碑」　詩　安江善子

十六才の　春の日に　乙女の夢を　乗せた汽車
胸弾ませて　行く大地　陶頼昭に　花と咲く
大海の如き　松花江　岸辺に聳える　青柳
夕日に染まる　地平線　輝く空に　星ひとつ
広き広野の　大陸は　日本の国土と　信じてた
食糧増産　国の為　朝日と共に　働きぬ

何も知らない　開拓の　村に聞こえる　敗戦は
嘘だと思う　その日から　不穏な空気　強くなる

思えば他国の　その土地に　侵略したる　日本人
王道国土の　夢を見て　過ごした日々が　恥ずかしい

隣の村の　ウジャジャンは　全員自決で　散り果てぬ
明日は我が身の　消える日が　両手合わせて　死ぬを待つ

ああ忘られぬ　あの時の　思い出語る　乙女会
尊き命　捧たる　あの娘の悲しみ　誰が知る

〈追記〉ベニヤ板で囲まれた、元本部の一部屋は悲しい部屋であった。
泣いてもさけんでも誰も助けてくれない
お母ちゃん〳〵と声が聞える

蒼のままに　散る定め　泣いて明かした　満州の
本部の窓に　残る月　今尚癒えぬ　心傷

傷つき帰る　小鳥（娘）たち　羽根（心）を休める　場所もなく
冷たき眼　身に受けて　夜空に祈る　幸せを

守りし命　永らえて　祖国の土に　五十年
あの子も今は　六十路坂　変わらぬものは　心だけ

次に生まれる　その時は　平和の国に　産まれたい
愛を育て　慈しみ　花咲く青春　綴りたい

消してはならぬ　灯火を　この世に命　ある限り
語りて伝えよ　戦争の　悲惨さ辛さ　哀れさを

残り少ない　老いの身が　せめて心の　慰めに
あの子この子の　幸せを　祈りて歌う　愛唱歌

誰が悪い　訳でなく　生まれた時が　運命の
別れとなった　あの時代　帰らぬ青春　惜しむだけ

誰が手向けた　白百合の　花一輪に　微笑みて
静かに佇む　乙女の碑　可憐な姿　いじらしい

平和の国の　幸せを　世界の人に　知らせたい
悔いなき人生　永えに　続けと祈る　乙女たち

異国に眠る　あの娘らの　思いを胸に　この歌を
口づさみつつ　老いて行く

諸天を守れ　幸の日を　諸天を守れ　幸の日を

6年間の留用の後、たくましく生きた山本みち子さん

戦後、開拓団から離れ、中国共産党の八路軍に徴用され、従軍看護婦として働いた後、1952年の5月に帰国した、山本みち子さん（仮名）。

みち子さんは舞鶴港に着いたとき、変わり果てた祖国に愕然《がくぜん》としたという。

みち子さん「舞鶴へ上がったらね、敗戦国民だから、みんな私たち同様に女の人が苦しんでるからね、と思ったら、舞鶴で事務員の人が赤い靴を履いて、ハイヒールのようなのを履いて、フレアーのスカートをパパパパと廊下を歩いてたの。

えっ、同じ敗戦国民でも日本の女の人はねえ、あんなきれいな格好して歩いて、アメリカ人に、大丈夫だったの？　私たちはすごい目にあったのに。そこでパッと思った。

もう頭の中ではね、日本にいる人はみんな泣いて泣いて、私たちと同じと思って来てたから。頭をね、ゴーンと叩《たた》かれたような感じがしたよ、あのときに。もう、完全に想像してきたもん、

日本も同じように苦しんでるというふうに思ってたからね。

それは、私ひとりかもしれないよ。

自分が嫌な思いをしたからね、頭から離れない、離れない」


みち子さんは、故郷の東白川村へもどり、家族と暮らし始める。

父親は年頃のみち子さんを結婚させようとしたが、みち子さんは全部断ったと言う。

「どんな結婚話がきても、それが引っかかって、ぜんぜん、うん、父親の親戚からきた結婚話、全部断っちゃった」

戦後、中国で、従軍看護婦として働いていた山本みち子さん

――それが引っかかってというのは満州の……。

みち子さん「うん、こういうあれ、体ちゅうことは自分が知ってるからね。私は病気はもってないけどね。嫌じゃない？　一生だまし続けるのも、心がその頃はきれいだから、一生だまし続けるのも嫌だし、ばれたときどうなるかなとも考えたし……」

それでも、ひとりの男性と恋に落ち、身ごもったみち子さん。しかし、結婚に至ることはなく、みち子さんはひとりで子どもを産み、育てる決意をする。故郷に居づらくなり、子どもを連れて、単身東京へ移った。

「私は新宿の職業安定所へ行ったのね。子どもがひとりいる、これだけの歳で、満州から帰ってきたこういう者ですけど、日本のことが何にもわからないから、どんな職業でもかまいませんから、職、私に世話してください、と言ったらね。建設会社の所長で知ってる人がいる、そこでね、食事の支度をする人を探してるからって言って、世話してもらって行って。

何かね、大きな川の鉄橋を造る人ばっかりいる所の気の荒い衆のご飯作りやる仕事で。その社長と新宿の職安の人と知り合いだったから、私は可愛がってもらいました」

みち子さんはやがて、その会社で知り合った男性と結婚。その後、子どもを授かったみち子さんは、ミシンを踏んでは内職で家計を助けたり、小さな駄菓子屋を開いて、少しずつお金を貯めて、子どもたちを育てた。

みち子さんは、黒川開拓団に対して、今でも複雑な気持ちがあるという。

「やっぱり生きて帰って来れたんだから、いくつかの命を救ったんだから、『あの衆には苦労かけたよな』くらいの話はあってもいいけど、それを言わなかったんだってね。

いい目にあったような感じにもの言ってるみたいね。それを聞いたから余計に私も腹立ったけど。私たちのようなきれいな心ときれいな体を何だと言いたいところよね、私たち」

――いい目にあったという、それは噂で聞いたということですか？

「うん。何かあの、そんな汚いものを嫁にもらわなくてもいいのにとか、汚れたものをうちの息子の嫁にしたくないとか、向こうから来た衆はね、なんとかかんとかって言ったんだってね。

そういうことを、それはそういう人もいっぱいいいるよ。いるよ。だけども、本当に悲しい思いをしたのにぶつける言葉じゃないでしょ」

――はい……。

みち子さん「そんなね、お金を包んで来いや、謝りに来いとは誰も言わないけど、陰になってでもいい。とにかくおまえたちには苦労かけたな、悪いことを、おまえたちのおかげでという人は、ひとりでも出てくればいいじゃん。そういう気持ちないのかというのよ。どれだけみんな抱えて苦しんだか。

今で、もう私たちもうすぐ死ぬ人間だから、長いあいだ恥をさらす必要がないからと思って今言ってる……」

――今もつながりたくはない。

「うん、思わない、会いたいとも思わない」

今回、インタビューを受けてくださったなかで、みち子さんだけは、（若い頃の写真以外）顔も実名も出さないでほしいとおっしゃった。

――残したくはないというお気持ちがあるんですか？

「いや、自分が今までこう、いばってきたというんか、お母さんとして生きてきた分、その部分にふれられたくない、恥ずかしい。

恥ずかしいですよ、子どもに対したって。

恥ずかしいですよ、子どもに対したって。きっとね、汚いと思うよ。

私も子どものときにね、あの、東京のこういう赤線地区の話をチロッと聞いたことがある。そのときに、自分は小さいとき、汚いと思ったことあるもの。ましてや戦争も知らないね、飲んで腹いっぱい食べておれるような人にこんな話をしたら、うちらの子どもも思うと思う。

それやったら、自分から口切ることないと思って。

隠せるものは隠しといて、話題になればテレビと本で話題になってくれーっち。だけど、名前を変えてくれるものなら変えてもらったほうがいい」


みち子さんは、満州で起きたことを誰にも打ち明けることなく、過ごしてきた。時折、思い出される感情は、ノートの切れ端に、そのつどノートに書き留めてきた。

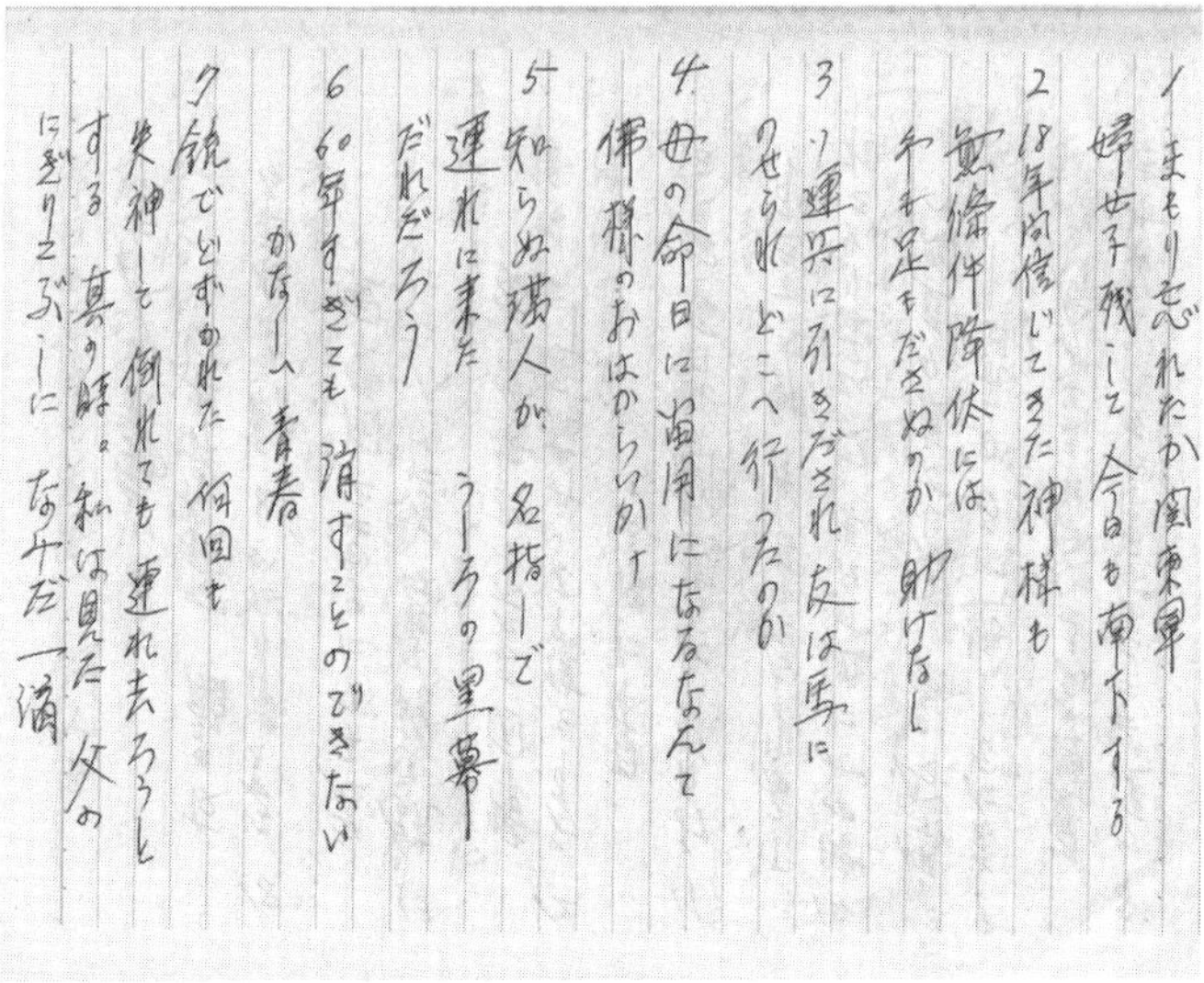
1 まもり忘れたか関東軍
婦女子残して 今日も南下する
2 18年間信じてきた神様も
無條件降伏には
手も足もだせぬのか 助けなし
3 ソ連兵に引きだされ 友は馬に
のせられどこへ行ったのか
4 母の命日に当用になるなんて
佛様のおはからいかナ
5 知らぬ婦人が 名指しで
連れに来た うしろの黒幕
だれだろう
6 60年すぎても 消すことのできない
かなしい青春
7 銃でどずかれた 何回も
失神して 倒れても連れ去ろうと
する 其の時。私は見た 父の
にぎりこぶしに なみだ一滴

みち子さん直筆のノート
誰にも語らないことをノートに書き留めてきた

60年すぎても　消すことのできない　かなしい青春

銃でどずかれた　何回も
失神して倒れても　連れ去ろうとする其の時。
私は見た　父のにぎりこぶしに　なみだ一滴

ソ連兵にひっぱりだされ　くらやみに
覚悟きめる　今日までの命と

友の悲鳴　今夜も野獣の餌になる

自決のがれて　一息つくまもなく　接待に切りかえられ

乙女ささげて　数百の命守る

女塾で学んだ大和魂　音をたてて　くずれ落る

（山本みち子さんのノートより、
7つの詩を抜粋して紹介）

8 ソ連兵にひっぱりだされ　くらやみに
覚悟きめる　今日までの命と

9 まだぞー　逃げろ　かくれよー
傳令の声　はだしで裏の豆畑へ

10 暗やみに逃げたと　又ひっぱり出され
けったりたたかれ　身動きできず

11 お月様　此の悲劇　此の事實を
日本に傳えて

12 あすを信じて　斗病一年
帰国まてずに　無念の死

13 銃を捨てれば　ただの人
老子女にまかせた　関東軍

18 はやく帰りたいと　静かにねむる
友の顔　一夜あければ
動かぬ人に

みち子さん「みんな思い出して、あの当時のことを書き寄せて、書いたの。思い出しては書く。で、ミシンしてるでしょ。8月15日、パッと思い出しちゃうの。

泣きもするけど、思い出しちゃう。

じゃあ、書きためておきましょうと思って、全部書いてあるから」

――これは接待のときのことを書いているんですか？

「うん、これはね、あれ、接待ちゅうやつに出る前の、うん。来たちゅうて青年が教えてくれるでしょ。逃げるのにみんな。（中略）

何回、お月さまに手を合わせたやろ。

この日の、このむごいことね、日本にこのまんまお月さま教えてー、伝えてーなんちゅうて泣いた。あの、月夜のいい晩になるとね、雲が下りてくると、この雲に乗れるものなら乗って、日本海渡りたーいなんて、こないやって泣いたこと何回もあった。

雲にお願いしたり、風にもそう。風よ、どんと吹いてね、日本を、あの日本海を一気に連れてってーなんて。私、雨のときもそうだし、連れてってほしかったーちゅうやつです。いつも」

みち子さんは書きためたノートや写真を燃やし、そして、また書き記すことをくり返してきたという。

みち子さん「焼いちゃうよ。こんなのはゴミになっても、嫌だと思うときにはね、もう紙切れだから、灰皿の上で焼けちゃう。

もう、そうやって焼いちゃうし、まったく抹消しちゃう。写真は焼けるものは焼いちゃう」

「また書くのにどうして焼いてしまうんですか？」とたずねた私に、みち子さんはこう語った。

「子どもたちには、このことは知られたくないから。

お母ちゃんでいたまま、死んでいきたいから」

記録を残そうとした曽我甲子朗さん

父親の手記を見せてくれた曽我甲子朗さん。

曽我さんは私に、2冊の手記を渡してくださった。

1冊は、A4判の紙に206枚ほどで父・久夫さんが書いた手記。

もう1冊は、甲子朗さんが父の手記を達筆な筆で書き写したものだった。

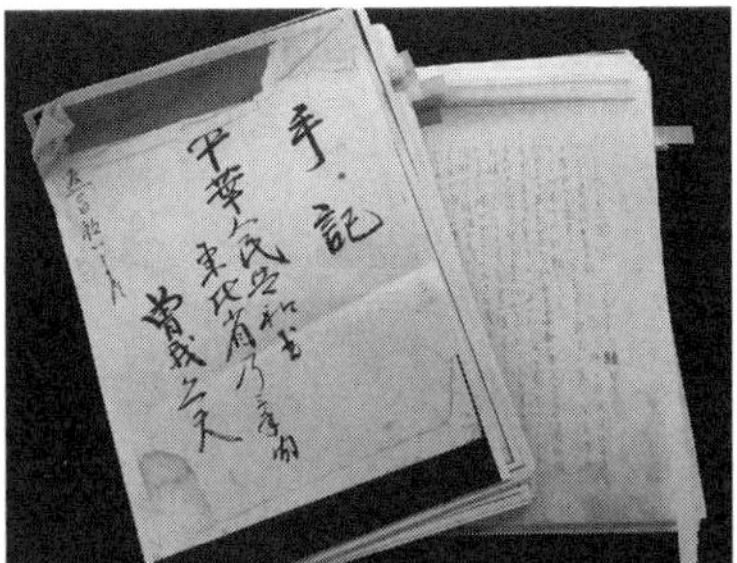

『手記　中華人民共和国東北省乃三年間』曽我久夫「返品願います」と付記

しかし、甲子朗さんは父の書いた接待の部分についての記述に「排除する」と書き込み、その部分を書き写すことはしなかった。

なぜ、曽我さんは、接待に関する記述を残そうとはしなかったのか——。

私は再び、曽我さんのご自宅を訪れた。

お茶畑を営む甲子朗さんは、自作のお茶を淹《い》れながら迎えてくださった。

甲子朗さん「ちょっとひどいことも、書いてあったら？　そういうことやけど。(父親のは)便せんに書いておったで、鉛筆で。それでは消えてしまうから、じきに。だからこっちに書いて。これもかなり、時間はくったけど。

字も本当にどさくさで、頭が悪いもんやで、書けん。ハハハ」

——お父さまは、なんと言って書かれたのですか？

どうして手記を残そうと思われたんでしょうか？

「残しておかにゃ忘れてしまうと思ったんやろう。60歳くらいで、根気よく毎日毎日書いたんや。1年くらいかけた。もう親父は、むちゃくちゃ満州の話ばっかやで、こうやって出会う人、出会う人に知らん人でも言ってたから」

――お父さまの手記を書き写したのは、どうしてだったんですか？

甲子朗さん「あんまりええことも書いておるけど、悪いことも書いてあるめぇで？それ、戦争に負けると、それはドイツの……ドイツでは処女なしって言われとるくらいひどいでって、そういうことになるということ、そんなことも、たまたま書いてあるめぇで、そんなことは載せちゃいかんと思って。

そういうところ抜いて、こっちに（自分が写したほうに）ええことだけ、書いておいた」

――私もはじめてこれを読ませてもらって、こんなことがあったんだと思ったんですけど……。

「そういうことも、含んどると思う。

それで、そういうやつは、ここ、こっちにも残っとるんやけど、それはあれよ、あまり出さんほうがよいわな」

――それは、どうしてそう思われるんですか？

「まあ、いいことならいいけど、悪いことやで。我々一代で、たくさんや。みんなまで及ばんほうがよい」

――我々一代で、っていうのは、これは伝えないほうがよいっていうことですか？

「そう、そういうことは伝えないほうがよい、平和的に解決したほうが……。そんで、あれやわ。まあ書かんほうがええら、今になってもわからんで。戦争には犠牲というものはつきもんで、うん。戦争というものは、まあ女もつきもの、男はまあまあ死ぬだけのあれで……」

――甲子朗さんにとっては、この接待のことというのは、女性が犠牲になったということは、忘れたいことだったんですか？

「まあ、それは、それはそう。忘れたら……、忘れにゃいかんわな」

甲子朗さんは36年前に、村で開拓団の記念誌をつくるとなったときに文章を寄稿してほしいと頼まれた。父の手記から抜粋し、父の名前で投稿しようと決めた。しかし、接待に関する記述は次のように別の文章に替えて寄稿したという。

「駅に常駐する司令部のソ連兵には豚の料理などで接待し、娘達も協力してくれ誠に感謝の外はない、我々の今日あるのも彼女等のお蔭である」

解っていた。

一方ソ連兵は毎日のように団に来ては金を取り上げていたが、それも束の間、婦女子の強姦へと変わっていった、家の中に向けて銃を五、六発打ち込んで乱暴の限りを尽した。

駅に常駐する司令部のソ連兵には豚の料理などで接待し、娘達も協力してくれ誠に感謝の外はない、我々の今日あるのも彼女等のお蔭である。

ソ連兵が我々の武装解除に満人を十名程連れて来た、外来者の中に義勇隊の隊長だった陸軍大佐の人がいて銃が満人に流れないように固く頼んで全部引き渡したが〝その後銃が残っていたので、私と鈴村益郎君、安江光員君とで銃二十四丁、弾三十発を油紙に包んで本部の東北の隅に埋めた、この銃を使う最悪の場合がない事を祈り乍ら・・・・。

終戦時どうやら不自由しない食糧はあったものの、その後満人に持ち去られ、これからの食糧が案ぜられたが、幸いに陶頼昭の駅にあった供出の高粱を警備隊に頼んで買い入れた、麻袋で五百俵位あったであろうか、それを団まで運ぶのに現物支給し、残り三百俵程を団の倉庫に入れることが出来た、これがなかったら誠に悲惨なものであったと思う。塩も持ち去られてい

— 57 —

『あ、陶頼昭——旧黒川開拓団の想い出』
発行兼編集　黒川分村遺族会
1981年（昭和56年）

しかし、原文となった父の手記には次のように書かれていた。

「接待するこの乙女たちの泣き声がもれてきた、我々団員は心の中で泣いた」

甲子朗さんはこのとき、接待の真実までは書くことができなかった。その理由をたずねると、

「よいことならいいけど、悪いことやで、我々一代でたくさんや。みんなまで及ばないほうが。申し訳ない気持ちやけど、なかなか、なかなか、長いあいだ、あれやわ……」

しばらく沈黙が続いた。

私は、甲子朗さんがなぜ、父の手記とご自分の手記を見せようと思ったのか、たずねてみた。

「それは、もらった命やと。みんなが犠牲になって、もらった命やと思ったわけやな。自分は長生きをして、みんなに伝えるっていうことが大事やと思って」


――今考えると、ソ連兵の存在についてはどう思われますか？


「感謝をせなあかんとか、あるにはあるけど……あの……。犠牲の上になんとかって言うけど、そのおかげでやってこれたんやで」

甲子朗さんはそう言うと少しうつむいて別の話を始めてしまった。

曽我久夫さん（前列右端）、現在残る唯一の写真
栽培するお茶畑で
後ろの３人は中国人実習生

黒川で取材するときに、いつも食事をとる喫茶店の鈴村廣子さんは、曽我甲子朗さんについてこう話していた。

廣子さん「あの人は、黒川の二宮尊徳さんやでなぁ。飲んだり騒いだりする姿は見たことない。お茶の栽培をして、それから、字を書くのが上手でね。年賀状の宛名書きを頼んだりしてね。こういう喫茶店へ出てきて食事をしたり、飲み会に来たりちゅうことがない人やったね」

満州で起きたことは、当時14歳の少年の心にどのように映ったのか——想像するだけでも心が苦しくなった。少年たちもまた、幼くしても自らが生き延びるために何が行われていたのかは十分理解していた。だからこそ、そのおかげで……という気持ちと、拭っても拭い切れないさまざまな思いとともに、72年間を過ごしてこられたのではないだろうか。

接待に行った人、接待に行ってもらうことで生き延びた人のあいだには、72年間、薄い膜のようなふれられないものがあり、それは年月を追うにつれて、繭《まゆ》のように、大きくなってきたのかもしれない。

6 語れなかった人々

安江菊美さんの後悔

子どもたちに語るとき

私がはじめて岐阜県白川町黒川を訪ねたときに、最初に黒川を案内してくださった安江菊美さん。黒川の小中学校で、戦争体験を語り継ぐ「語り部」として今も活動している。しかし、菊美さんにはどうしても、子どもたちには語れなかったことがある。それがあの「接待」についての話だ。

菊美さん「それがあってはじめて、私らは帰って来れたんやで。それを言わないことには、なんというか表面的な……話になってしまうんやわ。けれど、子どもたちにはその、話が理解できないと思うんやわね」

菊美さんが語り部として話していた内容は、「終戦後、匪賊《ひぞく》に襲われて開拓団は自決を選ばざるを得なくなっていたが、ソ連兵がやってきて、自分たちを護衛してくれたことで助かった」

ⓒNHK

岐阜県白川町立黒川中学校で
戦争体験を語る安江菊美さん

というものだった。

しかし、毎年講演を続ける中で、あるとき、ひとりの中学生から質問がきた。

「どうしてソ連兵は、開拓団を助けてくれたんですか？」

菊美さんは、生徒たちからくるさまざまな質問に手紙を書いて答えてきたが、この質問には答えに窮してしまっていた。

菊美さん「だって、なんで開拓団を助けてくれたかって話をするためには、その、『接待』の話をしやなあかんわね。けどそれは、ちょっと言えなかったの。若い娘さんを接待に出したからソ連兵が助けてくれたなんて、中学生に理解できるかなぁ……」

――というのは？


「いや、当時の状況を理解できるかなぁと思ったのよ……。けど、考えてみりゃ、そうやわね。ソ連が日ソ中立条約を破って侵攻してきたから、そういう状況になっているのに、敵であるはずのソ連兵がなんで助けてくれたんだろう、って疑問に思うのは当然やわね。だけども私、また同じ質問がきたら、なんて答えたらよいかなぁと思ってるの。あなた、どう思う？」

そう言われて、私は何も言えなくなってしまった。「そんなことないです。菊美さんはちゃんと事実を語ったほうがよいです」と言えるだろうか。でも、「言わないでよいです」とも言えず、「私も考えます……」とだけしか言えなかった。

写真右から、父・安江秋三郎さん、母・ちいさん
父と手をつなぐ前列右、妹・町枝さん（満州にて死去）
前列左から２人目、妹・清美さん
２列目右から３人目、菊美さん

安江菊美さんは、1942年3月、両親と2人の妹とともに家族5人で満州へ開拓に出た。満州では2人の弟が生まれ、菊美さんは、5人きょうだいの長女となった。

しかし、父親は満州から徴兵されて戦争に行き、終戦のあと、弟妹3人が発疹チフスなどの病に倒れ、母とすぐ下の妹と3人で帰国した。

母の言葉

当時10歳の菊美さんも、接待のことについては理解していたという。

――菊美さんは、その接待のことは、陶頼昭にいたときから知っていらしたんですか?

菊美さん「うん、うん。うすうす知ってたし、その娘さんたちの入られる風呂焚《た》きをやったの。私、母親に言われて」

――お母さんに言われて?

「そう、母親に言われて。ほいで、最初は自分たちが入るお風呂やと思って楽しみに焚いたのね。そしたら、そんなんじゃないよ、娘さんたちがこうして助けてくださるで、それの風呂焚きだから、一生懸命やれと言われて、母親に叱られて。それで風呂焚きしたの。

それと妹が、あれは何というかな？　栄養失調か何かでね、首の後ろに穴が空いてね。スポッと中の骨が見えるぐらい空いちゃって、医務室へガーゼの詰め替えに行ったのね。で、行ってると娘さんたちが帰ってこられるわけ。で、帰ってきて隣の部屋ったって、そんなもんね、あばら屋のような、バラックのようなところだけど、入って行かれて……、というとこを見てるもんで、ああ、そうかなと思ったりね。うん。

一応だいたい母親がいろいろ教えてくれたね」

――そのときは理解できたんですか？　お母さんが教えてくれたことを。

「訳わからずに話聞いてた。うん」

――そのお風呂を焚いているときは、菊美さんは、どういう気持ちで焚いていらっしゃったんですか？

「そんなときにどういう気持ちなんてことを考えたやろか。とにかく薪《まき》集めから始まるもんでね。薪があって焚くだけじゃないもんで、薪を集めに行ったりね、そして、焚くんだもんで」

――毎日焚いたんですか？

「毎日だったか、覚えがないねえ」

——何か月間ぐらいやったんですか？　そのお風呂焚きというのは。

「1か月ぐらい——10月頃からじゃない？　私たちが最後の襲撃を受けたのが9月の23日だったから、それ以降やでね。うん」

——1か月くらい？

「——1か月くらいかなあ。また12月、もうその頃から発疹チフスが流行って、もうね、12月、1月頃はみんな、ばたばたばたばたばた亡くなっていったで、その頃には、うん。（ある人が）『自分も発疹チフスにかかって（接待に）出てくれと言われたけど、到底出れる状態じゃなかった』ということを言っておられたで、そんな頃までじゃないかなあ」

——ただ、そのときは、まあ何となくわかっていたけれど、女性、女の人たちに対する感謝の気持ちというか、そういう気持ちはそこまでは……。

「そこまではない。ない」

——わからなかった？

「わからなかった。そんなことわからなかった」

――善子さんたちが犠牲になってくれていたというのは、いつ頃ちゃんとわかったんですか？

「はっきり、あの人たちがそうだったんだなというのは、新京（現在の長春）に出てから。

善子さんはその新京に出るときに、

『もうこれ以上ここにいたら、私の身体がぼろぼろになるから私たちも連れてって』

と言って、一緒に出たもんで。

そのときにはその話は聞いたけど、そんな細かいことまでやっぱりわからんね」

――そのときにそのようすを見て菊美さんは、ああ、この人は犠牲になっていたんだなとわかったということですか？

「うんうん、それはね、それはね。あの、弟さんが私と同級生がいるもんで、善子さんの弟さんが。あの子とはいつもいろいろ話してたし。

もう忘れとることが多いしね。だけど、母親が、帰ってきてから、本当に当時、男のようで生理もなくて助かったって言ってました。ずっと、終戦になってからこっちね。どさくさで襲撃受ける頃からずっと、もう気持ちがすさんで男みたいになってたからか知らんけど、生理はぜんぜんなかったと言ってた」

中央・菊美さん、娘夫婦とともに

飢えをしのいで過ごした戦後

菊美さんは、終戦後、発疹チフスで弟と妹3人を亡くしている。母親と妹と3人、故郷黒川に帰り、最初は食べるものがなく家族で炭を売って暮らしたという。食糧難の日本では、他人を気遣う余裕などなく、菊美さんも飢えをしのいで過ごしたことを記憶する。

――黒川にもどって来てからは、かなりご苦労されたんですよね?

菊美さん「着るものがない、食べるものがないという状況で。父親は戦争に行ったまま、まだ帰ってなかったから。母親が15キロの炭をかついで、毎日夜中の2時くらいには起き出して、16キロの山を下って歩いて、朝一番の列車に乗って闇市に売りに行ったのよ。

炭はお金に換えずに、お米や野菜やら食べ物と換えてきたね。ある日は母親がサンマを持って帰って来てね。それを持って私は妹と一緒に、村中を売りに歩いたわ。なかなか買ってもらえなくてね。

夕方になってしょぼくれて歩いてたら、ある家のおばあさんが、残ったサンマを全部買ってくれたのよ。それはうれしかったねぇ」

菊美さんのお話からは、満州から帰って来た人々が、戦後の食糧難を生き抜くために苦労してこられた姿がうかがえる。そんな中で、接待の事実もまた、公にされることはなく、みんな、ただ、生きることに必死だったのかもしれない。

しかし、戦後70年たった今、なぜ接待の事実を公にすることになったのか。その経緯が知りたいと思い、たずねてみることにした。

――その70年たって、今こうやって、語り始めたというか、70年間言わないようにしてきたというのは、もちろんその女性への配慮というのもあるとは思うんですけど、どうしてそれを言わないようにしてきたのでしょうか？

「最初のうちはもう、そんなことを話す……、まだみなさんがりっぱにね、結婚する前の人やら何かいたもんで、それはぜんぜん話さないように隠してきた。うん」

――黒川の村の中でも言うべからず、みたいなのはあったのですか？

「あったと思うよ。だけど、帰ってきて娘さんたちがそんなこと言われたらお嫁にも行けんに、ねえ。その娘さんたちの親もいるしね、まだ。

到底そんなこと口に出せなかったと思うよ」

――当時、幹部というか、大人の方は、もちろん娘さんへの配慮もあると思うんですけど、そのおかげで助かったということをどういうふうに思って村の中で過ごしていらしたのでしょうか？

「どういうふうにって、まあ助けられたことはもうね、小ちゃいときから知ってるけど、うん。まあ、どこで話すとか話さんとかなんてことはみんなそれぞれ、今までここまで生きてくるうちの生活の中でいっぱいだったんじゃないかな。

そう、とにかく帰ってきてからの生活がたいへんだったから、みんな人のことを思う暇もないくらいだけど」

――そんな余裕がなかったんですね。

「もう帰る所がない。帰る所がない、本当に。うん。帰るつもりじゃないもんでね、家屋敷処分しちゃって。何にもないとこへ帰ってくるんだもん」

――それどころじゃなかった？

「それどころじゃない。

人のことなんか思っておれる余裕がなかった。自分が食べるだけやっとこ」

忘れられない出来事

しかし、その後、菊美さんには今も忘れられないある出来事が起きる。

戦後40年ほどたったある日、当時、黒川開拓団遺族会の役員にもなっていた菊美さんのもとに、1本の電話がかかってくる。同級生の男性からだった。なんでも、満州で接待に行き、帰国後、病により岐阜の病院に入院している女性から連絡があったのだという。

「同じ団員の人に補償してほしいとはこういうことだけど、遺族会長さんに話してくれんかという電話らしかったけど……で、その人は直に遺族会長さんにはよう話をしないからと言って、私のとこに電話かかったのね。私に言ってくれって。だけど私、その人が言えんことには私の口からそんなこと言えんちゅって、私もよう言わんかったの。

やっぱ、女の私から口出すべきものじゃないと思ったもんで、よう言わんよって。うん。で、その人も言わずに済んじゃったわ。うん」

――「女の私から」というのは、どうしてですか？　言いにくい立場だったんですか？

「やっぱね、うん。遺族会長さんがしっかりしとるのにさ、そんな下っぱの人がこんな電話きたよ、なんてことをさ、向こうの人がよう言わんで私が言うなんてこと、よう言わんかった、私は。言える状況というか、そういうことが口にできる空気じゃなかったのよ」

――今だったらどうします？　今、もしそういうことを菊美さん言われたら。

「今そういうことを言われたら言うよ。遺族会長さんに、こういう話があったよということは教えるよ」

――やっぱり、善子さんが「語り部の会」で話されたことで気持ちが変わったと。

「そうそう、そうそう。気づいたということやね、自分が。うん。気づかせてもらったということや。そう。で、申し訳ないことやったなとは思うね。ねえ」

――そういうふうにしてきたことがですか？

「そう、そう。生きてこれたということがね。もうとにかくあの頃、3日たったら倉庫に入って集団自決だということを母親に言われてたから、もう。母親も結局、父親が兵隊に行っちゃっていないもんで、私がきょうだいでも一番上だもんで、私にいろいろ話してくれたんやないの」

――お母さまからも、その犠牲になった人たちのことは、戦後帰ってきた後から何か聞いたりとかそういうことも、まったくなかったんですか？

「なかった、それはなかった。だけど、自分が生活するだけでやっとこじゃなかったやろかね。母親としては、子ども2人連れてくるだけで、やっとこだったと思うよ。

うん。そこまで気がまわらなんだと思う」

菊美さんの話から、戦後黒川で接待に行った人たちがどのように生きてこられたのかを想像した。岐阜の病院に入院していたという女性はその後、病院で亡くなられたと聞いた。当時の状況から、接待のことは口外せずにいることが、若い女性たちを守るためだったことも、うかがい知ることができる。ただ一方で、この女性のように、寂しさや悔しさを抱えて亡くなっていかれた方も、彼女だけではなかったのではないか。

私は、その岐阜の病院に入院していた女性のことを知るため、ご遺族の方がいらっしゃるのかどうかをたずねた。知人の方を訪ねるうちに、女性の姪御《めいご》さんにあたる方が、岐阜県内におられるという情報をもらい、私は女性のもとを訪ねた。

やり場のない悔しさを抱えて

接待に行った方のご遺族のもとを訪ねるときは、いつも緊張する。

追い返されはしないだろうか……。

岐阜の病院に入院していた女性の姪御さんのもとを訪ねるときも、そうだった。

開拓団のことを取材していると話すと、「そうですか……」と複雑な表情でお話をしてくださった。

自分の胸だけにしまって

「私の伯母の話になりますけど……、そう、この話は本当に私と母（伯母の妹）と……、でしかたぶん共有していない話題だと思うんですが、その伯母も12、13年前に亡くなったんですけど、……伯母は、自分の子どもにも話さずに亡くなっていったと私は思ってますね。

母が私にはじめて話してくれたのは、伯母の葬儀に向かう車の中でした。その、満州で終戦になったときに、本当に素人の女性が駆り出されたっていうことを聞きました。それで……私の伯母もそのひとりだったんですけども、そうですね。うちの母の家族は、その亡くなった伯母を筆頭に、女の子が母を含めて4人と、女の子の多い家族でした。で、亡くなった伯母が母と下の子たちを守るような形で、そういうことを引き受けたって言ったらおかしいですけども、犠牲になってくれたっていうふうに母は話しました。

まったくそういうことを知らなかったので、聞いたときはもう本当にショックでした。伯母には2人娘がいるんですけども、たぶんその娘たちにもそんなことはひと言もしゃべってないと思います。

それで、伯母が元気な頃、必ず、今で言うキレるっていう状態になるときがあるんです。で、そのときは、うちの母へ電話をかけてよこして、わぁーって何かをしゃべるんですね。それが実はテレビなんかで韓国の従軍慰安婦の問題なんかがあったときに限って、伯母はそういうふうに、ちょっと情緒不安定になるんです。

……っていうのは、たぶん自分が満州で同じような体験をしてるわけですよね。それを誰にも言うことができず、自分の胸だけにしまって、ずっと戦後暮らしてきたわけなんですけども」

パニックに陥るとき

「ただ、その韓国の方々が、もう補償だとかなんだとかってマスコミの前に出て、わぁーって叫んで……っていう姿を見ると、たぶん、自分とオーバーラップして、もうそのときの感情が表れるんだとは思います。

でも、でも、その伯母が腹を立てるのは、そういうふうに感情をむき出しにする韓国の女の方たちに対してだと、私は思ったんですね。自分としては、やっぱりそれだけ辛いことをされて、でもやっぱり、日本は戦争に負けちゃったし、で、日本が向こうのほうへ侵略していったもんで、そういう立場上、絶対に言うことができないっていうことは、自分で強く思ってたと思うんですね。

だから、本当にそういう人を見ると、自分の気持ちがもう、ね、何かぐちゃぐちゃになっちゃうんじゃないですかね。私は母から聞いて、そういうふうに思いました」

――ご自身は、その伯母さまがパニックになってしまうところを見られたことはあるんですか？

「いや、だいたいそういうふうになると、母が家へ呼ぶんですね、伯母を。

実際、自分たちが生まれた家はもうなくなっちゃってるので、黒川に住んでる私の母の、まあ、私のところが実家みたいな感じになって、それで一応生まれたところへもどってきて。で、母と亡くなった父とで、お酒を飲みながら話をして、それでちょっと収まるっていうような感じですね」

――そのパニックになるっていう、怒るっていうのは、何に対して、どんなふうに怒ってらっしゃったんですか?

「私もまだ小さいときですので、あまりはっきりはわからないんです。なんていうんですかね、どうしても女性が犠牲になるっていうことに関してと、それが逆らえないことですよね。

うん、今、今だったら、何かできるかもしれませんけど、その当時だったら絶対逆らえない状況に置かれているので、そういうことに関してとか。

それからやっぱり、どうですかね、韓国の人たちもたいへんなことだと思います。で、そういうふうに(韓国の人のように)自分がやりたくてもできないっていう、そういうのをぶつけちゃうんじゃないかなって思います」

――そうやって訴えてらっしゃる方を見ると、ご自身も訴えたいのにという気持ちが？

「訴えたい、でも自分……、日本女性の慎みとしては絶対そういうことは、たぶんあの年代の人はできないと思うんです、はい。だから、できないので、もう、そうですね、私はこんなにがまんしてるのに、なんでっていう気持ちもあったかもしれないです」

感謝の気持ち

――お母さまはやっぱり戦後も、その伯母さまに対しては、感謝の気持ちっていうのをずっと持ってらっしゃったんですか？

「たぶんね。たぶん持ってたと思います、はい。けっこう、無理難題をぶつけてくるんですよ、伯母さんが。『今、下呂にいるから来て』とかって言って（笑）。

それとか、これからタクシーで迎えに行くから行こうとかって言われて、伯母と一緒にタクシーで下呂へ行って1泊して帰ってきたとか（笑）。

けっこう強硬なことをやってたみたいですよ」

――それも断らずに。

「断らずに、はい、つきあってましたね」

――けっこう突然、そういうことを？

「突然みたいでしたよ」

――気持ちを何か晴らすためにといった理由で……。

「たぶん、そうでしょうね」

――お母さまも、それがわかっているから、断らなかったんですかね？

「そうでしょうね。はい。唯一、だから唯一わかってるのが、うちの母しかいないんですよね、そういう伯母さんの気持ちをね。気持ちっていうのか、そういうことがあったっていうことを、うん。だから母は、本当に一生懸命、まあできる範囲ですけどね、力になろうとはしてたんじゃないかなと思います。

だから、本当に、ね、そうですよね。伯母が当たるところはないですよね。今だったら、もうどこかひとりでぴゅっと遊びに行ったりとかね、そういうこともできるけど、あの頃はやっぱり生活もしんなんし、まだ子どもも嫁入りさせなあかんしとか、そういうことで、けっこうたいへんだったと思いますよ。

まあ、みんながそうですけどね。うちの母もそうでしたけど。はい」

――実際、その伯母さまたちが犠牲にならなくてはいけなくなったときは、ご家族もどんなに辛かったことでしょうね。

「ひとつだけ聞いてるのは、それこそ、伯母がそういうふうに（接待に）行って、で、母がお風呂へ入るときか、お父さんが『絶対おまえを俺が守るで』って言って、お風呂の前で番をしてたとかなんとか言ったかな。うん、何かそんなようなことを聞いたような覚えがありますね」

――お母さまが連れていかれないように。

「うん、そういうふうに。うん。お父さんが言ったとかって、うん、そういうのを聞いたことはありますね、1回。はい」

――娘が入ってるお風呂の前で、お父さまが番をしてた。

「そうです。で、ほかの妹たちも、たぶん一緒だったと思うんですけど」

亡くなってやっと、楽になれる

――伯母さまが、辛い気持ちをもったまま亡くなっていかれたということに対しては、お母さまはどんなふうにおしゃっていたのですか？

「そうですね。そのことに関してだけではないけど、ようがんばったねって言ってました。うん。ようがんばって、ここまで生きたねって言ってましたね。楽になったわ、姉ちゃんもって言ってました」

――聞かせていただいて、やっぱり自分ひとりの中に抱えてらっしゃって……。亡くなってやっと楽になれるって、すごく辛いことだと思います。

「そうですね、はい。で、私もこうやって話すがいいのか悪いのか、ちょっとね。前いらしたときに、一応お話して。後から主人に、そんなことを今さらしゃべらなんでもいいんやないかって言われて、ああ、そうかっていうふうにも思いました、はい。

そうなんだけど、だけどやっぱり、そういうすごく辛い思いをしてたっていうこともわかってもらわないと、ね。戦争が、何か今、戦争に向かってるような雰囲気の中では、やっぱりこういうことも大事じゃないかなって思いました」

死んだら楽になれる、とはどういう気持ちなのだろう。

きっとこの方のように、悔しい気持ちややり場のない憤りを抱えて亡くなられた方は、たくさんいらっしゃったのではないかと思う。

接待に行った15人の女性のうち、今回お話をうかがえたのは3人。12人の方のお話は、もう聞くことはできない。

7 父の姿

安江カッルさんの父　藤井三郎さん

絵手紙がつなぐ

佐藤ハルエさんの口調は、終止穏やかだ。たとえ、内容がどんなに厳しい話でも、穏やかな口調は変わらない。しかし、そんなハルエさんも顔をゆがめながら話をしたことがある。それが、「接待係」と呼ばれていた男性たちのことだ。

夜、開拓団では、入り口で、曽我甲子朗さんのような男子が門番を務めていたが、ソ連兵がやってきた際には、この接待係の男性たちに報告しに行ったという。

接待係とは、いったいどういう仕事をする男たちだったのか。

佐藤ハルエさんは、次のように記憶している。

「接待係のおじさんは、きょうはこの人を頼んだからと言って交代交代に、結局、当番式になっていたわけなんです。ほんで、みんなが避難しているところへ、そのおじさんが来て、きょう頼むわなと言われる。結局、あたりまえみたいにされるのと、本当にご苦労やけど頼むわいと言ってくださるのとで、こっちもね、仕方がないと思っても。9月……まるっと1か月……だったと思いますけど、そういう記録はとっていないから。長いように思いましたけどねぇ」

――きょう行ってくれないかと言われたときは、部屋の人たちからは、何か声をかけられたのですか？

ハルエさん「仕方がないから、みんなで、行っておいでって送り出してくれるんです。みんなで応援してくれたわけなんですよ。ほらねえ、あんなことはその、どこの開拓でもなかったでしょうけど。……まあ、みんなのためになったわけですね」

この接待係を務めていたひとりが、藤井三郎さんという男性だ。

ハルエさんによると、三郎さんは、他の2人の接待係の男性とともに、接待に出る女性たちの当番表のようなものをつくり、順番に接待に出てほしいとお願いしてまわっていたという。

「今でも、団長、副団長やら、その仲間、呼び出しにみえた三郎さんやらの顔が浮かびますよ。うん。ああーと思って。嫌な思いだったけど、忘れることはないですね」

接待係を務めていたという藤井三郎さんの娘・安江カツルさんとの出会いは、意外な場所だった。ハルエさんの自宅にきれいな絵手紙が届いており、それが、カツルさんがハルエさんに宛てたものだったのだ。カツルさんは、趣味の絵手紙を季節ごとにハルエさんに送り続けていた。手紙を書くことが好きだというハルエさんも、そんなカツルさんと文通を続けていたのだ。NHK ETV特集取材中にも、カツルさんがハルエさんに送った絵手紙がある。

白川町黒川に暮らすカツルさんは、物腰の柔らかい、優しさが全身からにじみ出ているような人だった。まさにおばあちゃんの鏡のような人で、取材の際には、夫の猛さんも一緒に迎えてくれた。

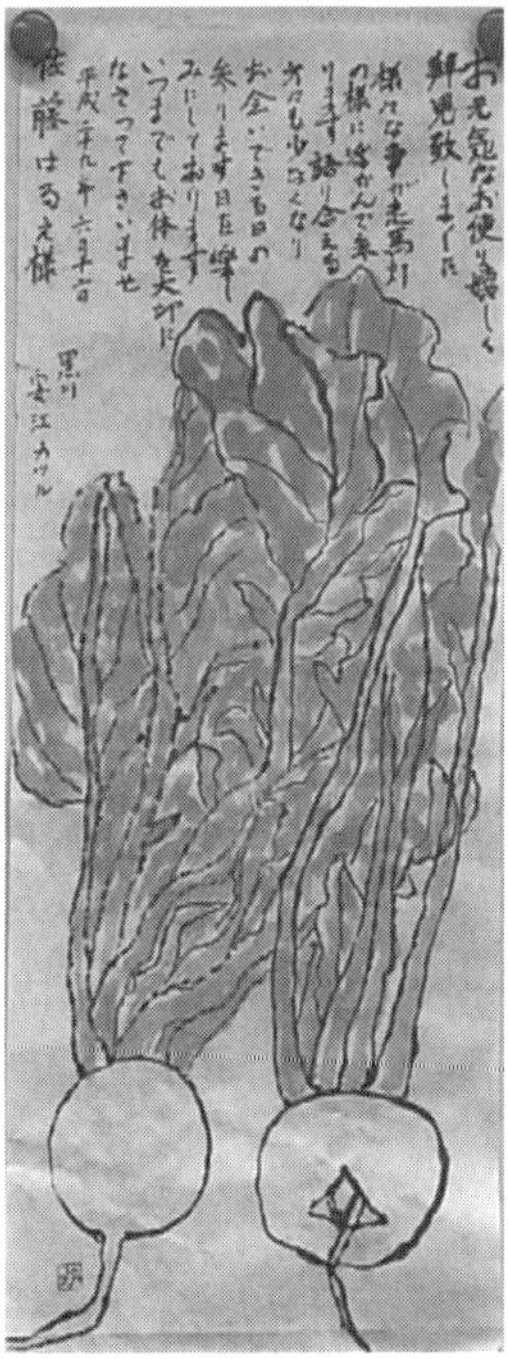
佐藤はるえ様　黒川　安江カツル　ⓒNHK

絵手紙を読む佐藤ハルエさん

カツルさんのお父さん・三郎さんは、２００４年亡くなっていた。
当時、「接待係」を務めていた三郎さんは、どんな人だったのか。
私はまず、三郎さんの人柄について、うかがうことにした。

優しい父親

――お父さんの三郎さんはどんな方だったんですか？

猛さん「どんな人って……優しい人やね」

カツルさん「すごく普通の人やった」

猛さん「そうやなぁ……ほんでも温厚な人やった」

カツルさん「温厚は温厚やったね」

――優しい人だったんですか？

「うん、私にとっては、優しい父親やった。そうやったなぁ……うん、引き揚げて来るときにね、無蓋《むがい》列車やったもんで。無蓋列車って、屋根のない汽車ね。そして、雨が降ってきたわけ。そしたら、私の上にこうやってかぶさって、私がぬれんように、こうやってかばってくれたわ。あれが、一番印象に残ってる」

安江カツルさん・猛さんご夫婦
ご自宅前で

カツルさん「あのときは、汗と、父親の体温で、むせるように、えらかったような……」

――お父さんは、ずぶぬれだったんですか？

「そうやね、お父さんは、ずぶぬれになってたと思うよ」

――カツルさん以外にも、ごきょうだいがいらっしゃったんですか？

「いや、みんな、全部（満州で）小さく亡くなっちゃったのよ。それで、私ひとりが残ってきたわけ。そうやったもんで、余計大事にしてくれたのかな。うんうん。やっぱりそうやね」

その優しいお父さんが、満州では「接待係」として、女性たちを接待に呼び出す係をしていた。開拓団の中で、役割を決める際に「接待係」が当たってしまったときのお父さんの顔を、カツルさんは今でもよく覚えているという。

カツルさん「接待係が当たったって言って……あのときは本当に、なんとも言えん、辛そうな顔やったね。接待係とは、ソ連兵の接待やもんで。女の人を連れて行くか、頼んで接待に出てもらわなあかんわけやな。それで父親はだいぶ苦しい目にあったと思う。

私らは子どもやったで、そういうこと知らずにのんびり暮らしてたけど……」

安江カツルさん

黒川開拓団幹部たち
開拓団本部にて

――接待係は、どうして三郎さんが？

カツルさん「詳しいことは知らん。団の人らが集まっていろいろと役割を決めて、それぞれの役に就いてもらった。ああゆう寒いところにおると、冬になると防寒服がないもんで、係の人は、もやしを作ったり、キャベツみたいなもんを食べさせたり、とにかく青いものをって食べさせてもらったで。お互いにそういう役割が決まってたんやないかな……」

――接待係に決まったとおっしゃった日は、どんな日だったんですか？

「あれは8月が終戦で、9月……、10月頃やなかったかな。辛かったと思うよ。そんな若い娘に、そんなソ連兵の慰みものになってくれなんてこと……。辛かったと思うよ」

――当時お父さんがどんなことをおっしゃっていたか、覚えていることはありますか？

「若い子に言うと本当に顔色が変わったって言ってたで……辛かったと思う」

――接待係をやったことは、お父さんの心の中に、ずっとあったと思いますか？

「あったと思う。口に出しては言わなかったけど、心の傷になったことはあったと思う。慰霊碑を建てるときとか、一生懸命自分で罪滅ぼししたと思うよ」

カツルさんの父・藤井三郎さんと母・きみゑさん

「生きてたらいろいろ聞けるけど、おらんもんで、なんにも聞けん。そういうこと（罪滅ぼし）やな……と思ったことはある。口には出して言わなかったけど、ああ、そういうつもりなんやなと思ったことは、いっぱいあるよ。言葉の端々にそういう気持ちが出ているような気がしたこともあった」

――お父さんも辛かったんですね……。

カツルさん「公式にそういう場所があれば謝れたけど、そういうこともなかったもんで……。人に公表したくない時期やったから、父は辛かったと思う。

ひと口に悪かったなぁと言えば……でも、娘さんたちも、言いたいことはあったかもしれないし……。それでお互いの辛いところがあったと思うよ」

ハルエさんのように接待に行かなければならなかった女性たちの中では、接待係の存在は、嫌な思い出として残っている。

しかし、一方で娘から見た父親である三郎さんの姿は、わが子を守ろうとする優しい父親だった。接待係を務めた男性たちもまた、悩みながらもその役を務め、戦後も謝ることができないわだかまりのようなものを抱えて生きてこられたのだと思う。黒川村を訪れたときに最初に案内された黒川開拓団の招魂碑は、三郎さんがなんとしても建立したいと強い思いをもって中心となり、建立されたものだった。

開拓団を守るために、接待に行ったという女性たち。

その接待をお願いする係になった「接待係」の男性たち。

ソ連兵が来たときに、門番をする係だった、当時の少年たち。

接待に行った女性たちはもちろんだが、当時を経験した人々のそれぞれの心の中に「傷」があり、戦後70年以上もその傷は癒えぬままに残り続けたのだ。

Ⅲ　歴史を遺す

8　残ったもの、遺すもの

開拓団が黒川村にもたらした「特別助成金」

なぜ、開拓に行ったのか？

「国策」として開拓に行った黒川開拓団。

冒頭でふれたように、そもそも開拓団が満州へと行った理由は、当時の村長である藤井紳一氏を中心に、村の貧困対策のために人口を減らし、満州に黒川村の分村をつくり、さらに開拓団を出した村に与えられる「農村経済更生特別助成金」が目当てだったといわれている。

では、開拓団を送り出した村は、その後どのような助成金を受け取ることができたのか……。

取材を始めたある日、安江菊美さんが興奮したようすで1冊の冊子を見せてくれた。

『福寿草』と名づけられたその冊子は、黒川のある、白川町地域の老人会が発行している冊子で、そこには気になる文章が書かれていたのだ。それは、そもそもなぜ、黒川開拓団が開拓に行くことになったのかについての経緯だった。

満州国と黒川村分村について

黒川中部寿会　古田幸吾

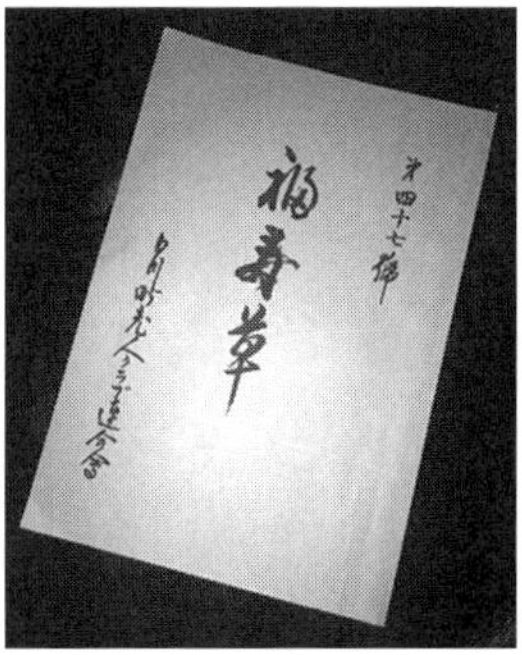

中国東北部に満州国が十三年間存在していて日本から二十七万人の農業移民が送り込まれ、政府は百万戸五百万人の送出計画を立て、それを昭和十三年から着手しました。（中略）

大正末期から昭和にかけての世界恐慌は日本の農村にも不況の波が押し寄せ、政府は農村更生計画を立て自作農の創設や経営の安定化を図ったが農地に限界があり、海外に活路を求めて行く移民政策を考えました。（中略）

黒川村でも開拓団による満州分村計画が進められて、分家小作農家、二男、三男など生活基盤の弱い人や新天地を求めて狭い黒川から広大な大陸に移住したい、と云うような人を対象に事業が始まり、国へ協力した村には国から特別交付金が支払われ村の救済を兼ね、また村は新しい村造りのために活路を求めて未来へ向かう分村計画に希望を托していったものと思われます。しかし、この事業にもノルマが有り分村計画に予定通りの移住希望者が集まらなくなり戦争がはげしくなって敗戦近くなると村議会議員や村の関係者、地域の役員等が満州へ行ってくれ行けそうな人の家を無理に夜毎説得に来て座り込み「もうこの村には居られない」と思うようになり、満州へ行かざるを得ないと思うようになり、小さくなっていたら終戦となって救われた、と柿反《かきぞれ》のある分家の人から戦後二十年も経ってから聞きました。

「お前達は黒川に居ても先が無い、満州へ行けば広い土地が与えられ生活は楽になるし国や村にも協力してもらいたい」と云われたが、返事をしぶっていると非国民のように見られ悲しかった、その話を受入れて満州へ渡っていたなら、ひどい目に遭いに行くだけで戦争が終ったおかげで助かった、この話をされた人は戦後素材業などもされて今は亡くなって居られます。

黒川村の分村計画は当時の村長によって立てられ、国の自力更生事業の適用を受け多額な補助金が入りこれを消化するための実行組合が部落に作られ農作業の道具や縄綯機《なわないき》などの購入に当てられたと聞く。また今も協議会等で引継いで管理している山の買入や植林保育のためにも使われている。

国から渡満のための支度金が一世帯当り三千円ずつ支払われたが開拓団員は誰も受け取っていなかったと聞く。当時その金がどのように使われたか明細は明らかになっていない。また、実行組合も名ばかりで活動の実体はあまりなく村が補助金を受取るための名ばかり組合であったようです。

さて、補助金の使い方で今私に分っているのは柿反の集落から東白川村方面へ向う大多尾林道の建設に使われたことです。当時は、土木工事も人力でツルハシや竹箕《たけみ》モッコなどの道具が使われ日傭の村民が参加して現金収入を得るために働いたと云われる。

農村経済の悪化で生活は苦しく村民救済のための事業であったと聞くが、その道路は行き止まりで途中で終わり東白川村へは通じていない。馬車の通行も少なく戦後は廃道となり、今は別に新しい町道黒川東白川線が出来ていて当時の道を知っている地元の一部の人でないとその痕跡は分らず救済事業ではあっても無駄な投資になってしまったと思われます。

（原文ママ／ふりがなは筆者による）

（『福寿草』白川町老人クラブ連合会 文化部会〈平成28年12月15日発行〉より）

この文章を書いたのは、古田幸吾《こうご》さん。

黒川で町議会議員も5期務めたという、地元の治政に詳しいという方だった。

私は、黒川村に住み、その一部始終を見てきたという古田幸吾さん（終戦当時9歳）のもとを訪ねることにした。古田さんは、黒川のさらに山の上のほうにある家に住まわれており、おうかがいしたときは、家の前にある畑の手入れしておられた。

古田幸吾さん、自分の畑を前に

――古田さんは、当時の黒川村がなぜ開拓に出たのか、ということについては、どのようにお聞きになっていますか?

古田さん「当時は貧乏な村で、経済的になんとかせんといかんということで、世界恐慌も起きて、なんとかしようというときに、政府が立てた政策に乗ったということです。

開拓に行く人には、財産を売って処分して行かれた人もいるし、というのは、向こうに行ったら、今より生活がよくなると、土地も広いしということで進めた。ここだけじゃなくて、どこでもでした。開拓団を出した村に対しては、国が特別助成金をくれました」

村は助成金を得て、山を買い道をつくった

――いくらくらい？

「それはわからんのです。残っている村の記録には書いていない。ただ要するに、（助成金をもらって）それによって、村おこしをやれということで。当時村に来た助成金で、山も買ったという話やった。山は貴重やった。村は、助成金の受け皿として組合をつくって、名目上はその組合が山を買って、活用したわけです」

「開拓団を送り出して得た助成金で、村は向こうの山の一部を買った」と指差す古田さん

――その組合は今もあるんですか？

古田さん「今はもうないです」

――山を買ったという話はどなたから聞いたんですか？

「それは、明治大正生まれの、複数の人から聞いた。けど、ほとんど戦後、そのことは話題にはのぼっていません。あまり言いたくない……というかね。開拓団はあれだけひどい犠牲になったから、村人は、山を買ったなんて、そんなこと誰も言いたくないと思う。別にそれで、悪いことをしてたわけじゃないけど。

今でも、山は複数残ってるけどね、あそこの山の、中腹とか。

また、町村合併のあと小さい町有地の処分として町有名義の山は売られたものもあると思う」

――山を買ってどうしたんですか？

「みんなで植林をしたり、5反とか、小さい土地ですけどね」

――目の前にある山の中腹あたりにある土地を5反くらい買った？

「そうそう。何か所かあります。集落ごとで管理したりしていたの」

――なんで山を買ったんですか？

「そこで、終戦前後には薪を取ったり、学校で使う薪とか、役場で使う薪とか。終戦後もやってるんです。要するにみんなのために使うもののためにね」

――山以外に買ったものはあるんですか?

「農機具を買ったと聞きました。みんなで使うような。あと、道路も作った。東白川方面に、道路を作ろうとして、途中までいって止まったけどね。土木屋さんを中心に、村の人が出て」

――道路作りは、特別助成金でやった?

「そう。村おこしのためには、何をやってもよいわけで、道をつくった。それで、みんなに日当を支払った。現金収入が少なかった、当時は。それが当時の村の考えだったと思う。なかなか、生産物も売れない時代だったので。働き場所がなかったし、炭焼きとか、材木の運搬も馬車でやってね。

終戦後に1回だけ、その道を車で通ったことがあったね。荒れていました。村の救済のために作った、林道だったということです」

――その道はどこにあるんですか?

「相当な山の中です。今はもう、道がわからないようになっている」

――満州開拓は村の救済のためだった？

古田さん「それはあるよね。満州開拓を出せば、村にも助成金をくれるちゅうことで」

――だから、村としても行ってほしかった……？

「そうそう。国の要望に応えなきゃいけなかった。分村計画をやってくれれば、村にお礼の意味で助成金を出すということですわ。結局、道を作るということは、村が行ったわけです。戦後、別に新しい道がどんどんできたので、古い道のことなんてみんな忘れてしまった」

――古田さんは、どうしてそんな話を知っているんですか？

「この話は、みんなが知っているわけじゃない。いろいろ集落の役員をやっている人とか、長老といわれる人から聞いたんだけど。昔の人は、暇があれば、よそへ行って話をしてたから。囲炉裏のそばでね。そういうところで、話を聞いていた。ただ、もう戦況が悪化してきたら、村おこしどころではなくなったけど。戦中はあらゆる物を持っていかれちゃうし。金物は兵器にするために、お寺の鐘から何から持っていっちゃったし」

――当時、開拓団が行ってくれたおかげで、村は潤った?

「それほどでもなかったが……計画では、そういうはずやったと思う。開拓団のおかげで、計画したことも、戦況の悪化で成果は上がらなかったと思う。まさか日本が負けるなんて思ってなかったしね」

どんな人たちが開拓に行ったのか?

――開拓に行った人は、村ではどういう人だったんですか?

古田さん「行った人は、資産もあって、ここでやっていける人も行ったけど、あとは小作……農家や耕作地が狭くて、経営拡大のできない人、ここにいても農地を増やすこともできないし、むしろだんだん苦しくなる人などかな」

――基本的には、そういう貧しい家庭が行っていた?

「黒川全体も貧しかったが、黒川においても、ちょっと将来考えにゃいかんかなという人や。向こうに行って、広いところでやってみようかという人やね。確かに一時はよかったという人もあるしね」

――開拓団の人が帰ってきたときの村のようすは、どんな感じだったんですか？

古田さん「帰ってきて、もどる場所がなかったっていうことがあるよね。元の自分の家には、よその人が入ってたりするし」

――村としては、帰ってきた人たちをあまり歓迎はしなかった……？

「そらそうやね。歓迎できる状況ではなかった。疎開の人が来てるし、名古屋方面から。村の家はみんな満杯やもんでね。

ひと家族が、10人も15人もおるということもあるわけで、離れとかそういうとこも親戚を預かってるところもあるし。すでに人が住んでいた。そこへ開拓団が帰って来ても、入るところがないもんでね。

この山の下にも小さい公民館があって。そこに急きょ、2家族入ったね。間仕切りをして。風呂もそこにはないので。近所の風呂とか使って。たいへんやったと思う。

さらに、集会所もなしにするわけにはできませんし。今から思えばたいへんでした」

――開拓団の人たちも、道を作ったりしたことは知らない？

「ほとんど知らないと思うよ。開拓団のことについては、戦後関心のない人ばっかりやったもんでね、当時は。

そんな満州行った人は、好きで行ったばっかやと思ってるよね。満州の開拓団に慰霊祭があっても、出席をしない人が多かったね」

当時、満州開拓に送り出した側からのお話からは、開拓に出た人々の状況を客観的に想像することができる。また、山を買ったり、道路を作ったりすることができた「特別助成金」は村に残った人々のいくらかの現金収入になっていたことから考えても、戦後の待遇は冷たいように感じられる。当時は、そうした人間性をも失われるほどの貧困・飢餓に苦しむ状態が続いていたということなのだろうか。

碑文のない乙女の碑

私にはひとつ、気になることがあった。

はじめて黒川を訪れたときに案内された、佐久良太神社にある乙女の碑の存在だ。

これまでの取材から、２０１３年に安江善子さんが満蒙開拓平和記念館の「語り部の会」で講演をするまでは、黒川開拓団の中で長いあいだ、接待の事実は暗黙の内に語るべからずとされてきた。ただ、その事実を人々が完全に忘れ去ってしまうことに抗うかのように、佐久良太神社には乙女の碑が建立されている。

「乙女の碑」とのみ記されたその石仏には、それ以外のことは何も記されてはいない。

この乙女の碑は、どのようなきっかけで、建立されることになったのか……。

調べてみると、乙女の碑が建立・除幕されたのは1982年3月14日だったことがわかった。

その月の、白川町広報誌には次のような文章が掲載されていた。

『白川町広報誌』（昭和57年3月号）より

黒川分村遺族会では、昨年六月白川町農業友好訪中団を編成して、開拓団ゆかりの地「陶頼昭」を訪問したのを記念して、佐久良太神社招魂碑の横に「訪中墓参記念碑」と「乙女の碑」を建立しました。（高さ約二メートル）

三月十四日には、遺族会員百二十名が佐久良太神社に集って碑の除幕と慰霊祭が行われました。

（中略）相次ぐ現地人の襲撃とソ連兵の略奪に襲われ、混乱を極める中に、集団自決の声も聞

上／岐阜県白川町・佐久良太神社内の招魂碑・訪中墓参記念碑・乙女の碑

下／乙女の碑

撮影＝三輪ほう子

かれる毎日でした。

幸い、治安を維持するソ連軍憲兵の力を借りて治安も少しづつよくなって、かろうじて集団自決の大事だけは免れました。しかし、その陰には当時のうら若い乙女たちの尊い、かつ痛ましい青春の犠牲があったのです。

乙女たちは、生きて日本の土を踏むことを夢にみながら、引揚げの途中で次つぎとソ連兵のいけにえとなって異国の地で散って逝ったのです。

これが、開拓団の陶頼昭における最大の痛ましい、屈辱的な事件で、私たち開拓団員はそのことについては固く口をとざしてきたのですが、あれから三十六年、無事引き揚げた団員は、その乙女たちに何らかの形で償いをしなければと、ここに「乙女の碑」建立の運びとなりました。

婦女子までも犠牲にならなければならない悲惨な戦争は二度とくり返してはならないという、私たち遺族会員一人ひとりの悲願がこめられています。

（黒川　藤井恒）（原文ママ）


藤井恒《ひさし》さんは、１９８８年から２０１１年までの23年間、黒川開拓団の遺族会会長を務めた人だ。乙女の碑が建立された１９８２年は、遺族会の副会長を務めている。

藤井恒さんのご自宅は、黒川にあった。

20年以上、遺族会会長を務めてきた藤井恒さん

藤井恒さんについて語ろうとすることは、とても難しい。

旧満州・黒川開拓団 黒川分村遺族会の会長として、団の歴史を記録しようとする一方で、女性たちが犠牲となったことについて、公にすべきでないという立場をとっているからだ。

一見、相反する考えを内包しているように見える恒さんは、どのような人生を歩んできたのだろうか？


田んぼに囲まれた一軒家。

とびらを開けると、恒さんの奥様が出迎えてくれた。

「今、呼んできますから」と通された客間には、陶頼昭のある中国吉林省松原《しょうげん》市からの表彰状が飾られていた。記されていたのは、戦後、恒さんが中国への訪問を重ねていたこと。

表彰状に見入っていると、ふすまの向こうから、かくしゃくとした恒さんがやってきた。

藤井恒さん宅の客間
たくさんの表彰状が飾られている

――藤井恒さんは、その遺族会の会長さんを何年されていたのですか？

恒さん「うーん、20……、21年……、22年ぐらいやったかな。うん。だけど、前の会長さんがあまり体が丈夫でなかったで、だいぶ代わりをやりました。うん」

満州は故郷という気持ち

――訪中っていうのは、恒さんの代から始められたんですか?

「ああ、そうです。はい。

うーん、向こうで２００人の人が亡くなっておるし、どうしても陶頼昭の地が、土地がいっぺん見たかったということなんですが……」

――その、どうしても行きたいっていう気持ちは、やっぱり慰霊のためですか?

「そう、そういうことです。慰霊のためもありますし、まあ小さいときにそこで生活したんやから、ええ、どうしても、ひと目見たかったんです。そりゃあまあ、家族で満州行っとって、言ってみれば故郷というような気持ちです」

１９７９年以降は旧満州、陶頼昭との交流も始め、開拓団としても慰霊の旅を企画し、何度も現地を訪問。現地を訪れたのは、16回に及ぶという。恒さんはまた、黒川の中学生と、陶頼昭の子どもたちを交換留学させる青少年の日中交流に力を注いできた。

中国との交流について語る恒さんの姿は、とてもうれしそうだった。

特に、中国と日本の子どもたちの交流には力を入れており、白川町の中学生と中国の子どもたちがホームステイをする取り組みもしてきたという。

恒さん「中国からは、裕福な子どもたちしか日本に来なかったんや。だから、陶頼昭の子どもを連れて来てほしいと言ったんやけど、それは無理やと言われたんです。遺族会で渡航の費用を15万円工面するから、ひとり来させてほしいと言って、女の子にひとりホームステイしてもらったんですわ」

それが、宗リーリーさん。26歳くらいになっている今も交流が続いているという。

そして、見せてくれたのは1枚の写真、陶頼昭に建てられた「中日友好碑」だ。

上／左から、宗リーリーさんと藤井恒さん、妻・典子さん
下／中国・陶頼昭、中日友好碑の前で藤井恒さんと典子さん

心の中では慰霊碑

――文字もちゃんと書かれているんですね。「悠久の平和と日中両国の永遠の友好を記念してこの碑を建立する」。どういう思いから、これを建てようと思われたんですか？

「当初、これは向こうに慰霊碑を建てるっていうつもりで交渉したんだけど、人民政府が言うには、友好碑ならよいということで作ったんです。

こういう形になったけど、僕の心の中ではこれは『慰霊碑や』というつもりでおります。

他の人も慰霊碑というつもりで現地に行っていますが、手だけは絶対合わせるなということは言ってきました」

――手を合わせるな？

「まあ参拝をするなという意味で。現地の人にそういう姿は見せてはいかんということで。手だけは合わせてくれるなと。現地の人を思って、そういうことを言ったんです。

そりゃあ、現地の人を追いやって開拓団は入ったということは気にはなっとります。

僕たちは学校時代、富国強兵とか大東亜共栄圏の発展のためだとか、そういうのを受けて何も悪いことじゃない、あたりまえのことだと、まあそういう教育を受けてきたんですが、終戦になってみたら、開拓団は侵略の先頭に立っていたなと。そういうことをつくづく思って」

開拓団として中国に入ったことに対する後ろめたさ。

戦中戦後の混乱によって、命を落とした多くの仲間を慰霊したいという思い。

さらには、恒さんの中に、中国を「故郷」として感じていたことを語ってくれた。

1933年生まれの恒さん。1942年に、家族7人で満州・陶頼昭に入植。

戦後すぐに姉を、1947年に父・武さんを亡くしたことから、家族が一緒に過ごした思い出は中国の中にしか存在しない。それが、恒さんが中国を故郷と感じるゆえんだった。

そして、もうひとつ、恒さんと黒川開拓団を深く結びつける事柄があった。

父・武一さんは、黒川開拓団の団長だった。団員たちの統率と安全の確保、そして開拓団の方針を決める重責を背負っていた。しかし、終戦の直前に武さんは、日本軍から徴兵された。

そして、団長不在の最中に、黒川開拓団にはソ連兵が押し寄せてきた。

父がもし、そのとき、開拓団にいたら別の方策をとることもできたのではないか。

終戦当時12歳だった恒さん。

まるで父の不在を自分のことのように悔やみながら、少しずつ当時のようすを語ってくれた。

中央列左
藤井恒さん10歳の頃

「戦争に女はつきもの」

恒さん「一番最初、ソ連の兵隊が入ってきたとき、女を要求したんですわ。そのときには、黒川開拓団には、当時の関東軍の兵隊が来とったんですわ。その兵隊は慰安婦を連れて歩いておって、『私たちが出ましょう』ということで、慰安婦がソ連の兵隊の相手になったんですわ。したら、今度、武装解除して、兵隊も黒川の開拓団から引き揚げて、慰安婦も引き揚げていくっていうことになって、満人や現地の住民が押し寄せて来て」

私は、関東軍の兵隊が連れていた慰安婦の女性が最初の「接待」に出たという証言が気になり、番組放送後も取材を続けることにした。

すると、安江善子さんの妹、ひさ子さんからも、「確かに7人ほどの慰安婦の方がいて、その人たちがはじめは出てくれたけれど、関東軍が武装解除すると、いなくなってしまった」という証言があった。また、前出の曽我久夫さんの手記には、次のように記述されていた。

「黒川開拓団に外来して人は多かった。この中に団につくして呉れた人もあって団では助った。（中略）この人達の職業は全く多様だった。知名の人もあった。公社の人、義勇隊の職員等、全

く多様であった。医者もいた。その婦人の中には、日本軍の慰安婦もいた。（中略）
陶頼昭に駐留したソ連の輸送司令官が安江団長を先に招待した。まだソ連と少しも交際をもっていない時期だ。それに大変な事に団の娘達を同道してこいと言ふ事だった。娘達は何んで進んで同道する娘があるだろうか。この時終戦十五日に陶頼昭駅に停車した乗客が団に大勢来ていた。その中に軍の慰安婦が七八人いた。その中から行ってくれる事になった。この人達が団の娘達を良く取り計ふから一所に行って呉れる事になった。この招待は何事もなく終った」
（原文ママ／改行・句読点は筆者による）（曽我久夫『手記 中華人民共和国東北省乃三年間』より）

複数の証言と、曽我久夫さんの手記から、黒川開拓団の女性たちが性の接待に出る前に、関東軍が連れていた複数の慰安婦の女性たちが、性の接待に行っていた事実が確認できる。

戦争という状況下で、軍隊が女性の性を犠牲にしてきたという事実。それが敗戦後、窮地に追い込まれた開拓団の女性たちが、性の接待へ行かなければならない状況をつくってしまったのではないのだろうか。

私は、女性の性が犠牲にされてきた歴史の深さを感じ、恐ろしさに考え込んでしまった。

曽我さんの手記ではその後、中国の現地住民による大規模な襲撃があり、黒川開拓団はソ連軍に助けを求めることになる。このとき開拓団の中で、「この司令部の兵達に御礼を考えなければならない」という相談がされることになったという記述に続く。一方で恒さんは、襲撃の護衛を頼む際に、またソ連兵から女性を要求されたとの証言を次のようにしている。

――この村の仲間である女性たちを差し出さなければならなかったという当時の状況を村の方たちは、どういう心境で決断されたんでしょうか？

「地元の人が押し寄せてきて、状況を打ち破るには、ソ連の幹部の兵隊さんに頼むしか仕方ないと……。陶頼昭の駅近くにおったソ連の兵隊さんに頼み込んで、その兵隊さんが鉄砲で威嚇して地元民を散らかしたと。

そのときにやっぱり、戦争に女はつきものらしいんで、また要求したと。

そこで当時の副団長さんが困ってしまって、娘さんたちにどうか開拓団を守って犠牲になってくれということで始まったんですわ」

――恒さんご自身は、女性たちが犠牲になったことを誰から聞いて知っていたんですか？

恒さん「まあ、子ども心にも見ていますし、私たちが犠牲になりますということで、相手されたということも、大人から聞いて知っておりましたので……、うん」

客間で語る藤井恒さん

――それは、じゃあ当時から知っていたと。

恒さん「ええ。やっぱり、そりゃ第一にかわいそうやったなと。それと犠牲になってくれたおかげで、無事に。黒川の開拓団の隣に熊本から行った開拓団があったんです。そこの開拓団は270何人かが全滅したんですわ。集団自決で。まあその二の舞にならなくて済んだ――ということは、ある程度ソ連の兵隊に助けられたということがあると思います」

――戦後、そういう女性たちを捧《ささ》げなければいけなかったという事実に関して、この黒川村ではどういう立場をとられてきたのでしょうか？

恒さん「まあ、そっとしておくということが事実やったと思います。あの人がこういうことを言った、この人がこういうことがあったなんてことは言いたくなかったのが事実なんですが。あの人が犠牲になった、この人が犠牲になったっていうのは言うべきことではないです」

――女性たちに命を助けられたという思いはある一方で、その事実を伝えていくことは、別の問題であると思われてるっていうことなんでしょうか？

「ああ、うん……。僕自身は、その部分はぼやけてもいいんやないかと、そう思っております」

――「ぼやけてもいいんやないか」というのは、もう次の世代に伝わらなくても、そこはいいんじゃないかと思っているということでしょうか？

「やっぱり、まあ、うーん、その当時の女性の方たちも、まだ若かったですので、そっとしておいたほうが一番ええということで、その辺のことであんまり表へ出さんようにしてきたつもりです。私自身は、ええ。仮に僕のおふくろがそういう立場になって、それを公表されたら、向こうはどんな思いをするかと……」

戦後、満州帰りの女性に対する偏見は厳しく、「ロスケにやられた女」とレッテルを貼られて見下されることも少なくなかったと聞く。

恒さんが遺族会の会長として、犠牲となった女性たちのことを公に語らないと決めてきたのは、事実を知ることによって生まれる差別や偏見をなくしたいとの思いからだった。

しかし、消し去りたい歴史ではあるけれど、一方で完全に消し去ってしまうにはあまりに悔しいという現実。その思いが恒さんを中国に向かわせ、今も現地との交流を続ける原動力になっているのではないか。

そして、歴史を愚直に伝えるということだけが、必ずしも正解ではないのではないか。

恒さんから、そんな問いが投げかけられたように感じた。

（藤井恒さんへのインタビューは、夫馬直実と川　恵実が共同で行った）

9 生きてきた、ということ

4代目遺族会会長　藤井宏之さんの思い

長く、接待については多くを語らずにきた藤井恒さんだが、2011年に旧満州・黒川開拓 黒川分村団遺族会の会長を恒さんから引き継いだ藤井宏之さんは、少し違う考えをもっていた。宏之さんは、接待係だった藤井三郎さんの次男で、戦後の1952年生まれ。遺族会会長を引き継いだ後、慰霊祭の場ではじめて、接待に行った女性たちに対しての言葉を述べた。そのことは、開拓団の中でもとても衝撃があったという。

私は、宏之さんに、なぜ慰霊祭の場で、はじめて接待に行った女性たちに対する言葉を述べることにしたのか、たずねてみたいと思った。

宏之さんは、黒川で、父・三郎さんから製材会社を継ぎ、建築と運送の会社を経営している。今は経営の主体を息子さんに譲ったと話しているが、自身も現役で働いている。一方で、2013年からは、白川町議会議員も務めており、地元住民からの信頼もある人だった。

がっしりとした体格だが、いつもどこか少し憂いを帯びた話し方をすることが印象的だった。

仕事着で語る藤井宏之さん

――黒川開拓団にとって、慰霊祭とはどういうものなのですか？

宏之さん「開拓団に参加したほとんどの人が黒川を離れてしまっているんですが、2年に1度の慰霊祭が、唯一みんなが集まれる場所なんです」

――その慰霊祭の慰霊の言葉の中ではじめて、接待のことについて話をされたとうかがいました。それはどうしてだったのですか？

「私が遺族会の会長になって、安江善子さんから、このことについて聞きまして、慰霊祭のときの慰霊の言葉を読み上げるときは必ずそのことは言うようにしてます。あの、乙女の碑があるように、犠牲となって亡くなられた方々のおかげで、きょうまで我々が生活させてもらっているという趣旨で、私は言っているつもりです。

自分としては、それは伝えたいこととして伝えている。

亡くなられた方々の供養だと思って言葉にして言っているという感じでしょうか……」

――亡くなられた方には善子さんのように伝えてほしいという方もいるけれど、言わないでほしいと言って亡くなった方もいる中で葛藤というか、そういったものはあったんですか？

「言わないでほしいと言った方の話を直接聞いたことがないので、それはわからないけれど……、今は遺族会の会長としての立場で、これは言わなければいけないと思うし、仮に会長でなくても、そのことは言わなければいけないと思っています。

自分は、安江善子さんや佐藤ハルエさんからそのことを直接聞いているので、きょう自分自身たちが生きているのがその人たちの犠牲の上にあるのかなと感じているので、特にその言葉を出していかなければいけないと自分自身は思っていますね」

――宏之さんが、接待のことを知ったタイミングは？

「7、8年前ですね。安江善子さんとの出会いです。

善子さんの息子さんもたぶん同じくらいの年代なので……、特に私に対してはそのことを伝えたかったんじゃないかなと思います。善子さんのお宅にうかがうことが増えて、そこで、『私たちが犠牲になった』ということを聞きました」

――それまでは、なぜ帰って来られたと思っていたのですか？

「それは申し訳ないけど、ぜんぜん知らなかったんです。

一般的に、苦労して帰ってきたことは知っていたけど……」

――はじめて聞いたときはどう思いましたか？

「そういった事実があったことには驚きましたし、ただ、善子さんが話されることが、なんというか、暗いイメージではなかったんです」

黒川地域が毎年5月に
共同で揚げるこいのぼり

黒川での取材中、
「何かこの村の人が集まる
イベントってないですか?」と
たずねてみた。
「そんなもん、ねーなぁ」と、
みんなが口をそろえた次の日、
朝早くから村の人30人ほどが
集まって川にこいのぼりを
渡していた。
イベントあるやん!
と思ったけれど、
黒川の人にとっては、それは、
日常だったのかもしれない。

撮影=川恵 実

宏之さん「それは善子さんの性格でもあると思うのだけど……。それで、いつも会うたびにそのときの話が出てくるようになったという感じでしょうか」

――お話をされたとき善子さんは、宏之さんに伝えてほしいと？

「そのときは、伝えてほしいということではなかった……けど、いつもおっしゃっていたのは、自分の息子には言えない、ということでしたね。自分の家族にはなかなか言えないと……。そういうことを伝えてもらっているんだと思って聞いていました。

善子さんたちは、私たちが身体を犠牲にして開拓団を守ったんだという気持ちが強かったんだと思います。

でも、あなたたちのおかげだったよ、というひと言がなかったように思う。だからそのひと言がほしかったんじゃないかな。だから、そのことをわかってもらいたくて、私にそれを言ったのかなと思います。

――善子さんからその話を聞いたときは、遺族会の会長になるつもりは？

「それはぜんぜんなかったですね。ただ、善子さんやハルエさんから言われたのは、あなたは戦後生まれなのに、開拓団のことに興味をもってよくやってくれるということは言われました。

やはり、ご自分のお子さんたちも戦後生まれだと思いますが、伝えにくい部分が多かったのではないでしょうか」

――宏之さんの中で気持ちが変わった部分もあったんですか?

「今日の自分たちがあるということは、善子さんやハルエさんのように犠牲になった方がいる、ということを伝えていきたいと思いますね」

――伝えることでどうしていきたいと?

「自分たちもやがては、慰霊祭が続けられる状態ではないかもしれないので、次の時代の人たちにも慰霊祭をやってほしいと思いますね」

――伝えるということは、善子さんが語らなかった息子さんたちにも伝えることになると思いますが、その意味ではどう思いますか?

「ひさ子さんの息子さんや、善子さんの息子さんとも一緒に訪中したいと思っています。そういうことを重ねるうちに、接待のことについてもきちんと話せるときが来るのではないかなと思っています。黒川開拓団としては慰霊祭を続けるということ、ただ慰霊するだけではなく歴史を風化させないようにしていきたいですね」

――どうして風化させてはいけないのだと思いますか？

宏之さん「それは、開拓はみんなの歴史の中で、僕の場合で言うと、藤井家の歴史の中のひとつだから。こういうことがあったと伝えなくちゃいけない。自分たちが生きている中で先祖の思いがそこにあったんだなと思います」

――それは、もしかしたら知りたくないことも含めて？

「本当は伝えるべきか迷ったこともありました。よくない話というか。胸にしまったほうがよいかなとか……」

しかし、そんな迷いも、亡くなる直前に善子さんが宏之さんの従姉《いとこ》である安江菊美さんに伝えてほしいということを話されたと聞いて、やはり伝えなくてはいけないという気持ちに変わったという。

安江菊美さんはそのときのことを話してくれている。

――善子さんが亡くなる前に、接待の事実について伝えてほしいと言われたことがあったんですか？

安江善子さん遺影

菊美さん「うん……。ほいでも、今までずっと遺族会長さんたちが代わってこられても、そのことはタブーで話されなかったけれども、善子さんがね、もう自分に年が来て亡くなるちょっと前に『これを知ってもらわないと、私たちの今まで苦労したことがわかってもらえないから、なんで助けられてきたかってことを、今の同じ引き揚げてきた人も、今の若い人はそこまで知らないもん。だから話さなきゃいけない』ってことを私たちに言われたもんで。
それで、私たちも言おうという気になった。そういうこと」

10 動き始めた2世たち

一緒に中国に行きませんか？

黒川分村遺族会会長の藤井宏之さんは取材中、あることをぜひ、叶《かな》えたいと強くおっしゃるようになった。それは、これまで交流がなかった、善子さんの息子さんである安江泉さんと、ひさ子さんの息子さんである鈴村希夫《まれお》さんと一緒に、両親が暮らした旧満州の陶頼昭を訪ねたいというのだ。

宏之さんは、この歴史を後世に遺していくということの一歩としてまずは、自分たち2世の世代が、事実をしっかりと受けとめたいと願っていた。

2018年5月のはじめ、宏之さんははじめて、泉さんとしっかりと話をするために、岐阜県大垣市にあるご自宅を訪れていた。泉さんは意外なことに、中国に行きませんか？という宏之さんの提案を、二つ返事で快諾していた。事前に兄である希夫さんからも連絡が入り、その場で行く方向で決めていたという。

泉さん「私も、話だけはずいぶん、おふくろから聞かされていて、2度と行くチャンスもないでしょうから、行ってみるというのもよいんじゃないかなと思いまして」

宏之さん「それを聞いてうれしかったというか。私としては本当にうれしいし、善子さんにも喜んでいただけるのではと思いました」

泉さん「おふくろたちが暮らした頃とは、ずいぶんとようすも変わっているでしょうね」

宏之さん「安江菊美さんと藤井恒さんには、それぞれ陶頼昭に行ってほしいとお願いしておるんです。現地を体験したふたりには、ぜひ、同行してもらいたいと思っています。とにかく、あのおふたりに行ってもらわんことには、わからんもんで」

泉さん「そうですか、それはありがたいですね……」

こうして、宏之さんは、旧満州陶頼昭ツアーを企画することに決めた。

安江善子さんの遺影に
頭を下げる藤井宏之さん

安江善子さんの
ご自宅を訪ねた
宏之さん

善子さんの息子　安江泉さんの問い

母はなぜ、最後に語ろうとしたのか

それにしても、これまであまり交流がなかった藤井宏之さんから突然の満州行きへの誘いをなぜ、ふたつ返事で引き受けることができたのか。

私は後日改めて、安江泉さんのご自宅に、取材にうかがうことにした。

安江泉さん（1953年生まれ）は、2013年に満蒙開拓平和記念館の「語り部の会」でお話をされた安江善子さんのひとり息子。しかし、血縁上は、妹のひさ子さんの次男だ。戦後、子どもができなかった善子さんのために、ひさ子さんが養子に出したため、安江家の息子として育てられた。2012年に善子さんは亡くなり、今は岐阜市大垣に、善子さんの夫であり、泉さんの父親である安江愼吾さんと暮らしている。

安江愼吾さんと泉さん親子
自宅前で

泉さんは、ハンチング帽子をかぶっていて、おしゃれなシャツを身にまとった陽気なおじさんといった風貌だ。実際、60歳を過ぎてから、バンドを組んだらしく、音楽好きな善子さんともピアノとギターでよくセッションをしたのだという。部屋の中はギターやキーボードもあって、さながら音楽スタジオのようだった。

申し込んだ取材に対して、当初は泉さん自身、そこまで前向きではないような印象も受けた。それはそうだと思った。自分の母親にとって辛い体験を取材したいという申し出は、快く引き受けられるものでもない。泉さんは生前、善子さんからたびたび、満州での思い出を聞かされており、たいへんな苦労があったことはなんとなくは知っていたという。満州での体験は、母親である善子さんにとって、忘れがたいたいへんな記憶で、期間としては人生のうちのわずかであったかもしれないけれど、影響としては人生の大半を占めてきたという。

母・善子さんにとって切っても切れない満州でのことについて、泉さんなりに受けとめて取材に応えたいという誠意が感じられ、私も身が引き締まる思いだった。

――きょうは、改めてお話を聞かせていただければと思ってうかがいました。お母さんの善子さんが生前、満州について話されていたことで、印象に残っていることはありますか？

泉さん「そうですね。あの、まあ、おふくろとはよく話はいろいろしたんです。まあ、特に満州のときと、それから満州で終戦を迎えて帰ってくるまでの、わずかな期間だったんですけれども、思い出としては半分以上占めているようなことで、よく話を聞きました。やっぱりたいへんな思いをして帰って来て。

まあきょうだいがね、いるんですけれども、きょうだいが集まって話をすると必ずその話になって、もうみんな、泣きながら思い出話をしてるというのが常だったんですけど……」

自宅で語る泉さん

――そういったお話の中で、泉さんが印象に残ってることはありますか？

「まあ私が聞いていた中ではね、おふくろはどっちかというと冷静に見てるほうなんです。満州に開拓団として行ったわけなんですけれども、開拓団というとね、イメージ的には荒野を耕して開拓してというイメージがあるかと思うんです。でも、もう行ったら畑もあり、それから住む家もありという状態だった。どういうことかというと、現地の今まで住んでいた人たちが追い出されてしまって、その跡に、そういうところに入植というか、まあ入ったという状態だったというのは、よく話をしてましたね」

何の犠牲になったのか

――うかがいにくいことをうかがってたいへん申し訳ないのですが、これまで、黒川の開拓団で起きたことをあまり話さないという、そういう中で、お母さんがですね、善子さんが満蒙開拓平和記念館での講演会という公の場で、黒川の中で何が起きたのかをお話しなさった。

善子さんは、どういうお気持ちで語ろうと思ったんだと思いますか？

泉さん「やっぱりその、まあ今回ね、いろいろ取材をしていただいて、どういうふうな、たとえば、まあ、美談ということではないんだけれども、犠牲者みたいなことで……、じゃあ、何の犠牲になってるのかということなんです。

その、戦争行為とか、向こうの国が……とかということではなくて、たとえば、向こうで若い女性たちが、みなたいへんな思いを経験をした人たちが何人かいるわけですね。それを開拓団の中で、じゃあ誰がやるのかという話題になるわけですよ。

要するに、誰か人身御供《ひとみごくう》みたいに行かなければいけないわけですね。そのときに、誰が行くのか、そのときにやっぱり親のいない子どもたち、バックボーンのない子たち。だから一番弱い家族の娘が行かされているわけですね。

親がいて、親がしっかりしているところは行かなくてもよかった。だから、もう、なんというんかな、誰が悪いというわけでもないけれど、その満州の開拓団の中で、やっぱり力をもっている人は自分たちを守ろうとするし、その中で犠牲になる人も当然いるわけですよね。

やっぱりそうした思いというのは、同じ開拓団の中でもぜんぜん違うと思うんですけれども、そういうことはたぶん、うちのおふくろたちは経験してきているから、どこまで話をしているのかちょっとわからないですけれども……、そういう状況になれば、追い込まれてしまう。

それは『行け』というほうも辛いかもしれないし、でも、結局は一番力のない人がそういう状況に陥ってしまうという。まあ、これは世界で起きているいろんな紛争国でも、やっぱりそうなんだろうと思うんですけれども。

だから、そういうことで思い出したくないことも、やっぱり当事者としてはいっぱいあると思うんですね。で、それがもう、今ほとんど亡くなってますから、うちの親父やおふくろはその中でも一番長生きのほうですから、まあ、そういうことも含めて話したかったんじゃないかなと思うんですけどね。うん」

善子さんの両親は、開拓団の中でもあまり裕福なほうではなく、社会的には地位が低かったという。さらに終戦翌年4月には、両親ともに発疹チフスで亡くなってしまうのだが、そういった家庭背景が、善子さんが接待に行かなければならなかった要因になっていたのではないかと、泉さんは考えていた。

生き抜いてきたことがすごい

泉さん「二十歳ぐらいだった？　終戦のときは」
愼吾さん「終戦のときは、そう、21だ。」
泉さん「21か。だから21を筆頭に、あと小学生ぐらいまでの弟。生きて帰ってこなきゃいけないといったときに、その、連れて帰ってくれる人がいないわけですよ。バックボーンもないわけですよ。で、開拓団もいるんだけども、人の面倒なんか見る余裕ないですから、なかなかそういった中で誰も頼る人がなくて、という思いは――ただ、そこをね、やっぱり生き抜いてきたというのがすごいなと、話を聞くたびに私はそう思ってましたけども」

――なるほど。愼吾さんとしては、善子さんが公の場で、女性たちが犠牲にならなければいけなかったということをなぜ、語ったんだと思いますか？

自宅で語る愼吾さん

愼吾さん「うーん、まああの、話を、最初の長野県で話したときは、まあ相当晩年になりましたもんでね。で、やっぱり自分の心の中に、今、息子が言ったような気持ちがあってね、美しいことだけやないと。非常に、まあやってはいけないことをやってきておるんだということは、やっぱり善子の立場としては言っておかなきゃいけないことがあるんだというということで、あの、言ったと思うんですけどね。

僕には、どういうことをしゃべってくるなんては言わなんだけども、おそらく気持ちの中にそういうことが、言っとかないかないということがね、あってしゃべったと思うんですわね」

泉さん「私はその講演会の内容というのは、直接は聞いてないんですよ。ええ。別に聞きたくないとかそういうことじゃなくて、たまたま、えー、あの、積極的に聞こうとは思わなかったんですけど……。

ただおふくろは、やっぱりいつも話をするときに悔しさをにじませてましたね、話の中にね。で、まあ、それはどうしようもなかったことだろうし、あれなんだけれども……。

なぜ、なぜ私がという、私たちがという思いはあったと思うんですね。で、あの、今もちょっと言ってましたけども、お父さん、まあ、おふくろのお父さんが満州なんかに行くって言わなきゃこんなことにならなかったのに、ということはよく言ってましたけども。

まあでも、一番よく悔しさをにじませてたのは、親がいなくて、親がいないと守ってくれる人もいないわけだから、その不公平さというか、さっき言った、結局、弱い立場の人が行かなきゃいけない。その、何人か犠牲になってね、みんなで泣いたと言ってましたよね」

選ばれて犠牲になった

泉さん「それは、選ばれたんですよ。全員行ったわけじゃないですから。選ばれて、選ばれたというか、おまえら行けと言われたわけですから、みんなのためだからと言って。で、選ばれてない人もいるわけですよ。

だから、ここを守るためにおまえたち犠牲になれという。

それぐらいなら、みんなで自決しようとして自決した団もあったわけですよ。それがいいとは言いませんけど、こうやって帰って来れて幸せな人生が送れたわけだから、まあ、そこで自決してしまうのは一番悪い方法だとは思うけれども、でも、そういう、守ってくれない人というか、一番本当に、一番弱い人が犠牲になるんですよね、こういうことが起きると……。

しかも、そんな辛い思いして帰ってきた日本でさえ、その、なんというか、よく無事で帰ってきたなというふうに言ってくれないわけですから」

――黒川の中で、これまでは、語らないでおこう、というふうにされてきたと思うんですけれども、70年間語らないでおこうとしたことに関しては、どういうふうに思われますか？

泉さん「それもやむを得ないと思う。うん。それは言いたくないですもん、誰でも。

そういう犠牲のうえに自分たちがもどって、犠牲を強いたほうも辛いというか、それをずっと今度は抱えて生きていかなきゃいけないわけだから、されるほうも辛いし、犠牲を強いるほうもたぶん、楽しい思いはまったくなかったと思いますよ。

だから、それをまあ、語っちゃいけない。ただ、そんなことはみんな言いたくないのはあたりまえですよね。うん」

愼吾さん「うちのばあちゃん（善子）は、開拓団の一般の人より早く（満州を）出たんやね。それが、お互いに言い合いはしないけども、どこかに葛藤があったんやと思う。私はそういうように思う。まあ、それはやむを得んと思うですよ、それは。あの当時としてみりゃ。うちのばあちゃんは、妹と弟ふたりを連れて開拓団の人とは別に早く出たんやね。

そういう行動が、若干は残った人の批判の対象になっとるやろうと思うんですわ」

――そんなことがあったんですか？

愼吾さん「公にはあまり言わないけども、個人的にはそういう話が聞こえてきたでね。うん。あんただけは先に帰ってって、残った者はたいへんやったというようなことをね、だいぶうちのばあちゃんに言ったらしいわね。あんただけ先に帰ってしまって、私ら残ってたいへんやったということでね、ばかを見たねというような話を、そういう話をどうもされたらしいんやね」

泉さん「おふくろとしては、もう要するに誰も守ってくれないから、誰も守ってくれなければこんなところにいても、みんながまだいるとか、一緒に行動をしても何もいいことないわけですよね。誰も守ってくれない。犠牲になれと言われるだけで。

だったらもう自分の力で、これは早く帰国したほうがいいと言って、弟妹を引き連れて出たこともやむを得ないことだと思うし……」

愼吾さん「善子のお母さんが、おまえたち早く出よと。で、お母さんがいろいろなものを作ってね、早くおまえたちは出よと言って、ばあちゃんに（善子さん）そういうことを遺言のように言ったらしいですよ。だからどうも、出る気になった。それが決め手やったと思うんですがね。

親もおらんし、ばあちゃんは一番上で責任をもたないかんから、そんなことしとったらたいへんだという、自分でその決断をしたと思うんですよね。ええ。

で、開拓団を離れ、置いといて自分だけ行くちゅうのは、それはたいへんやと思うけども、けど、親が死ぬときにそういうことを言ったもんでね、踏ん切りがついたと思うんですわ」

黒川開拓団は何をしてくれたのか

泉さん「いや、あのね、もう満州というのはね、だから行きたいなという反面と、それからそういうのがあって、半々だったんですよ。うん。ただやっぱり1回おふくろが苦労をしたところをね、行ってみたいなという気持ちもやっぱりあって、今回ね、そういうチャンス。これは兄貴からも電話があって、まあ、そんなチャンスも、そうないだろうからってことで」

――行ってみたい反面、ちょっとどうかなと逡巡《しゅんじゅん》していた部分はあったんですか？

泉さん「そういうのもありますね。それから黒川開拓団に対して一生懸命お世話してくださる人いるんですけど、何というか、どこかね、やっぱりそういう話を聞いてるから、斜にかまえる部分というのも、なくはなかった……ですね。

ぜんぜん関係ないですよ、もう世代も違うし。世代は違うけれども、いったい、黒川開拓団はうちのおふくろたちに一番何をしてくれたのかという思いも、それは当然出てきますから。

もうあのね、おふくろとはめっちゃ会話しました。小学校の頃からずーっともう、本当に会

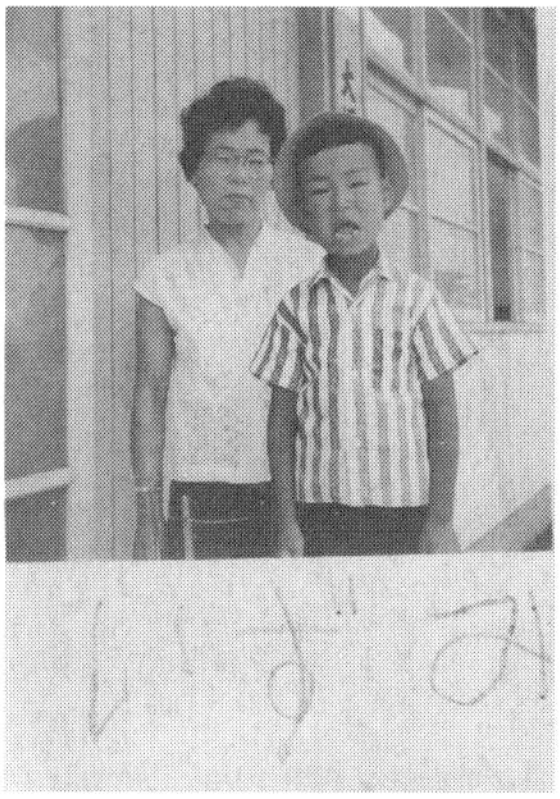

上／母・善子さんと子どもの頃の泉さん
左／善子さん・愼吾さん夫婦と泉さん家族
下／青年となった泉さんと

話はものすごく多いと思いますよ。いろんな話をしましたから、私の話を聞くのも好きだし。だから何かにつけ、そういう話はいっぱい聞いてきて。まあ、それは言いづらい部分も、けっこう話はしてくれたし。さっきのね、醜い部分のこともやっぱりその悔しさまじりで話はしてくれてたから。まあ、たいへんだったんだろうなというのと、それからおふくろが、なんでなんでという、なんでそのそういう苦労をしなきゃいけなかったんだというようなことは話をしますから、やっぱりその……、かと言って、誰が悪いというか、みんな当事者でみんな被害者ですから。で、その、逆の立場になればそういうふうにもなるだろうしということを考えるとね、いったい、戦争の愚かしさはどこにあるのかということを考えるとね、やっぱり、おふくろなんかが、そういうふうな思いをしてたというところだろうとは思うんですよ」

音楽が大好きだったという善子さん。泉さんに歌を聴かせてほしいと頼んだという。

泉さん「去年（2016年）の1月に亡くなったんですけど。亡くなる本当の直前に、レットイットビーが聴きたいと言ったもんですから、枕元で歌ったら泣いて喜んでくれました。あの、ふぇん……When I find myself in times of trouble というところなんですけども、トラブルというところを『チョボ』って言っていて、『チョボが聴きたいって』」

そう言って、泉さんはギターを取り出し、亡き母の枕元で歌った歌を歌ってくれた。

（安江泉さんへのインタビューは、夫馬直実と川　恵実が共同で行った）

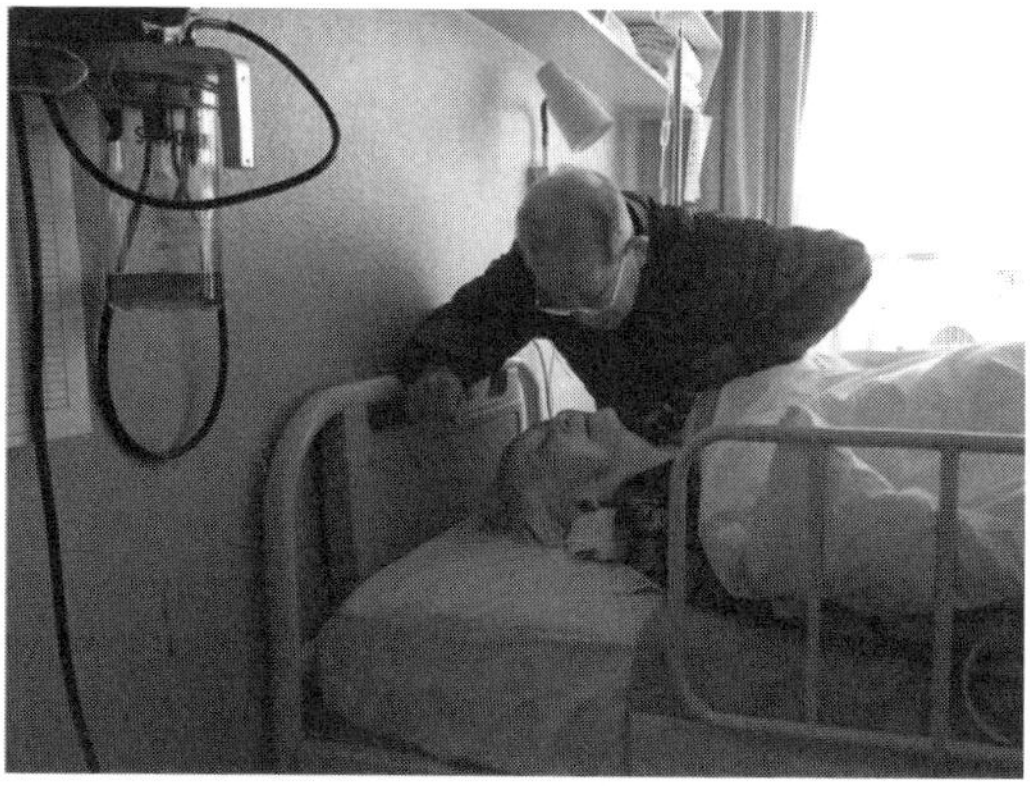

善子さんと看病する愼吾さん

レットイットビーを弾き語る泉さん

11 父母が暮らした場所を訪ねて

倒されていた中日友好の碑

2017年6月、黒川開拓団の遺族会は、中国・陶頼昭を訪ねた。現地で亡くなった仲間たちへの慰霊の旅は、今回で9回目になる。参加したのは、19名。安江菊美さんや藤井恒さんなど、開拓を経験した人は5人参加した。

中部国際空港を出発し、北京へ。そこから飛行機で長春に。さらに2時間バスに揺られる。陶頼昭は、現在の吉林省に位置する。

そこは、トウモロコシやジャガイモ畑が広がる長閑《のどか》な農村。広大な景色は、泉さんがこれまで想像していた「陶頼昭」のイメージとは少し違っていたという。

泉さん「まあ、おふくろが話していたところを、イメージはね、してたんですけど。実際にこうやって見てみると、その、内容が悲惨な話だから、私のイメージの中では暗いんですよ、夜だったり。日常はこういう穏やかなところだったと思うんですけど……」

２０１７年６月、中華人民共和国吉林省陶頼昭

30年にわたり中国を訪問し交流を続けてきた藤井恒さんを中心に、遺族会では中国人の土地を奪った歴史を償いたいと、2004年には開拓団があった場所に友好碑も建てていた。

しかし、今回、7年ぶりに友好碑があった場所を訪れると、友好碑は倒されていた。尖閣諸島をめぐって、日中関係が緊張する中での出来事だった。

恒さん「日中友好の、シンボルとして建てたんですけど、ちょっとこういう形になって、悲しいです」

倒されてしまった中日友好の碑

中国の人々にとって、日本の「満蒙開拓」とは、決して許されざる記憶として存在しているということを思わされる。

75年前、黒川開拓団は、中国の人々から見れば確かに、土地を奪った者であり、敗戦国の者であり、そして生き延びるために「接待」が行われ、女性たちがその犠牲になったのだ。

一行は、かつて開拓団の本部があった場所へ向かう。そこはかつて「接待所」があったといわれる場所だった。

虎治さん「ぜんぜん変わってまっとる……」

開拓を経験した、安江善子さんの弟、井戸虎治さんがもらした。

虎治さん「もう、70年もたっとるからよ」

今はそこに民家があり、畑にはジャガイモが植わっていた。

泉さん「食べるものがあるわけじゃないし、誰かがこう、守ってくれるという状態でもないし、それぞれが、みんな生きていくのに必死で。この異国の地でもう、本当に取り残されて頼るものが何もない状態で、なんとか家族を守らなければっていう、やっぱりそういう、極限状態だったんだと思うんですよ」

かつて佐藤ハルエさんが、接待が終わった後に歌を歌ったという駅も、その場所にあった。

上／元黒川開拓団本部が
あった場所、
現在の風景
下／現在の
中華人民共和国
吉林省陶頼昭駅

現在の中国の写真は
旧満州・黒川開拓団
黒川分村遺族会提供

心は何も、残していない

今は、開拓団が暮らした面影のない場所で、泉さんは母親が暮らした痕跡を探そうとしていた。帰り道のバスの中、兄の希夫さんと、こんな会話を交わしていた。

泉さん「おふくろが話していた感覚では、きょうだいをどうやって守っていこうかっていうだけ。それ以外何も考えていなかったというか、考えていたらできなかったのかもしれないよね。ここで苦労してきたんだろうなっていう……。辛かったと思う。

自分の犠牲になって、（ひさ子さんは）お姉ちゃんが守ってくれたと言うだろうなと思う。たいへんなことがあったんだけど、満州から逃げてきたんだけど、日本に帰ってきたから、今我々がいるわけだから……というのは、わかるんだけど」

希夫さん「泉を養子にやるというのは、相当な葛藤があったちゅう話やからね。頭ではわかっていても、心中は悲しくてお茶碗《ちゃわん》を投げておったとか」

泉さん「実の息子を養子に出すほどのことが、ここであったちゅうことだよ。ただ、もう、痕跡がない。我々はあそこに何も残してないからね、心を。経験した人は心を遺してるから……うーん……わからないよね」

現在の中国・陶頼昭には、当時を想起させるだけのものが何もなく、逆に想像するにも限界があると感じた泉さんだった。

幼い頃の安江泉さん（左）と鈴村希夫さん（右）

善子さんが遺した言葉

帰国後、ひさ子さんの家から1本のカセットテープが見つかった。
それは以前、善子さんがひさ子さんに渡したものだった。
善子さんはしばしば、自分の気持ちをテープに吹き込んで、妹の
善子さんに渡すことがあったという。
ひさ子さんはそれを、泉さんに渡した。
これまで泉さんも聴いたことがない、善子さんの言葉があった。

善子さんがひさ子さんに託し、
ひさ子さんが泉さんに渡したテープ「姉の声」

善子さん（テープの声）「私、この頃、夜眠れないときがときどきあるもんでね、夜中に起きてきては作詞をしたり、詩を書いたり、だいたい2時ごろに目が覚めるのね。で、あれも、外もだんだん明るくなってきて、今何時かな、6時ちょっと前だね。

第1回の襲撃を受けて丸裸になってしまって、本部へ行って、満人たちに取り囲まれて、私たちも本当は死んでいたかもしれないんだよ。

ソ連兵士が入ってきて、みんなが逃げまわって、まどって、あの悲しかった一場面はどうしてもどうしても消すことができない。それで私は、人がなんと言おうと、後世のために、こういった歌を残しておこうかなあと思って、詩をつくったんだよ。

満州から帰ってきたら、病気持ちの娘だとか、ソ連兵にやられた女だとか……。

私のような者をもらってくださった慎吾さんには、本当に私は感謝しています。

風化していく現代、表面的にかかわりたくない、かかわり合いたくない真実に背を向けて、雲のかなたに隠そう隠そうとする気持ちもわからないではないけれども、神様だって仏様だって真実を消すことはできないんだ。私たちが務めてきたあのひとつの事実は、あなたや虎治や栄一を、そして開拓団の若人を守ってきたんや。

私が満州から帰ってくる時感じたことは、前向きに生きていくことが、幸せに生きるひとつの道しるべで、私の家族、私の大事な泉。それをね、暗い家庭に育てたくない。私のたどってきたような人生だけは、送らせたくない。

ほりゃあ、決してね、うちはバラ色な家庭じゃないけど。バラ色にするのもせんのも、太陽、一家の太陽が決めることであってね。太陽が照りつけておれば、家の中いつも明るくて楽しいじゃない」

お母さんからのテープを聴いた泉さんは、ゆっくりと考えてから、こう話してくださった。

泉さん「その……我々に対して、そういう事実は事実として見つめていく重要さというか、で、それと、太陽のように生きていくことのほうが重要なんだと、言いたかったのかなと。

これはやっぱり、おふくろから教わったことだと思うんですけど、その、隠したり、なかったことにしようとしたり、ということが、それは自分自身をごまかすということですよね。基本的には。

そんなはずじゃなかったとか、そんなことあってはいけないっていう思いが強くて、現実を否定してしまう。

それは、自分を否定するのと同じことだと思うんですよ。それほど、不幸なことはない。それが、不幸の始まりだと、おふくろは思っていたし、私も思うんですね」

60年間、息子として聞いてきたこと

帰国後、この旅路のお疲れさま会が、藤井宏之さんによって企画された。

その席で泉さんは、次のようなことを話していた。

泉さん「戦後のわずか2年とか3年なんだけど、おふくろの話からは、私の人生はあれがすべてというか、半分くらいっていうのをよく感じていました。しょっちゅう聞かされるから、耳たこっていう感じで。いろいろと（話が）入っていたこともあって。

今回取材を受ける中で、

『お母さまが満蒙開拓平和記念館で話されたのは、なぜだったんですか？』

『お母さまが言いたかったことは、なんだったんでしょうか？』

と質問されたときに、ええーとなってしまったんですよ。

そこから、改めてあの戦争は何だったのかな、というのを問い直す1年でした。

自分が60年間聞いてきたことを少しでもいいから、伝えていかないといけないのかなと思います。遺族会でできることがあれば、協力させていただきたいと思います」

その言葉を聞いた宏之さんは、なんとも言えない表情で涙をこらえながら話した。長く交流がなかった泉さんと思いを同じにできたことへの喜びと、そして、これからの時代をどう生きていくか——その決意が述べられた。

宏之さん「本当に、お通夜のときでも泣いたことはないんですけど、こういった話ができて、自分の親がここに同席していたら、どう思うかなって思います。

僕らはそのあとを引き継いだ人間で。過去を否定するわけではないけれども、自分の思いは感謝しかないです。

今日、我々は生かさせてもらっているので、きょうを第一歩として、進んでいきたい」

12 乙女の碑に碑文を

藤井宏之さんの決意

中国訪問のあと、2018年の4月、2年に1度必ず行われてきた黒川開拓団慰霊祭が催された。慰霊祭では、佐藤ハルエさんや藤井恒さんなど、直接、満州を経験した方だけでなく、その家族や親族らも、黒川の佐久良太神社に集まり、満州で亡くなられた方の慰霊をしている。この年は、73人の遺族会会員が参加し、佐久良太神社での慰霊の儀、そしてその後に、直会《なおらい》と続いた。

その直会の場で、宏之さんははじめて、遺族会の会員たちにある思いを告白した。

宏之さん「ここでみなさんにひとつ、お話したいことがあります。これは約束できるかどうかは、まだわからないのですけど、ひとつ、今一番思っていることは、『乙女の碑』のことです。『乙女の碑』には、碑文が書かれていません。

それで、このことは、いろいろな……それが良いか悪いかはわかりません。

が、ぜひ、この『乙女の碑』に、その横に、なぜここに『乙女の碑』が建っているのか。どうしてここに『乙女の碑』があるのか——やっぱり、後世に伝えるためには、『乙女の碑』に碑文を建ててあげたいと、私は思っております。

このことについては、これからいろいろな課題がございますので、みなさんで協議しながら進めていきたいと思います。2年先、4年先になるかわかりません。が、私個人としては……『乙女の碑』の横に碑文を建てたい、そんなことを思ってます」

宏之さんが「乙女の碑」という言葉を発したとき、会場は一瞬、静かになった。

そして、スピーチが終わると、誰からともなく拍手が起きた。

ふと、ハルエさんを見ると、深々と頭を下げているその姿があった。

直会で、宏之さんの「碑文を建てたい」との発言に拍手が起こる
手を合わせる佐藤ハルエさん、手前は息子・茂喜さん

私はハルエさんに、碑文ができることについて、聞いてみた。

ハルエさん「書いてくださるのは永久に歴史に残るで、けっこうなことやと思います。一人ひとり、その意見は異なるけど……私は良いと思います。そういうところに書いてあればわかるけど、わからないでね。その歴史っていうのは……。今の若い人に話しても、なかなか腹に入らないからねぇ。でも、こんなふうにしてくださる開拓団、ほかにはないですから、ありがたいですよ」

ハルエさんの横には、接待係だった三郎さんの娘、カツルさんが座っていた。

カツルさん「そばに建てたいというのは、ハルエさんたちのおかげで、私は救われてきたと思うの。頭を下げたい。

今でこそ、そういうことを言ってもらえるけど……。

その当時は書けなかったねぇ……そういうこと」

ハルエさん「書けなかった。今でこそ、言っても大丈夫だけど」

カツルさん「その当時は隠したいばっかりでね。

今になってやっと、ハルエさんたちが声をあげてくれたもので、こういうことがあったということをみんなに、後世に遺していけるけど。あの当時は、人を傷つけることはできなかった」

しかしその後、碑文についてはさまざまな意見があり、計画は難航した。特に言われたのが、接待に行った当事者の方や遺族の方への配慮だ。

そこで、宏之さんは、接待に行かれた15人の女性たちの遺族のもとに出向き、碑文についての意見を聞いてまわることにした。

今はもう、連絡先がわからない方など連絡を取るのが困難な方もおられたが、なんとか全員の方のご家族、もしくはご遺族の方に意見を聞くことができたのだという。

碑文について、反対の意見をもつ人は、遺族の中にはいらっしゃらなかった。

今やもう亡くなられている方が大半の中、本人たちの心情を聞くことはできない。

しかし、生きて、証言をされた善子さん、ハルエさん、そしてみち子さん。それぞれの思いの中に、自分たちが亡くなってしまうとともに歴史の中にその事実が残らないことへの危機感、そして、やり場のない悔しさがあったことは、私自身、取材の中でとても強く感じた。

「碑文」を刻み、黒川の歴史に遺すことで事実を後世に伝え遺し、一度戦争が起これば、そこには計り知れない悲しみが待っていることを、心に刻む人がひとりでもいることを信じたい。

2018年、乙女の碑碑文除幕式にて

2018年11月18日、晴天のこの日。

ついに碑文が完成し、黒川開拓団遺族会による除幕式がとり行われた。遺族会会員43名だけでなく、その他関係者を含め約100人の方々が、乙女の碑の前に集まった。報道も10社以上が詰めかけ、黒川開拓団の乙女の碑に碑文が完成したことは広く伝えられることになった。

その除幕式の場で、藤井宏之さんはスピーチをした。その中で、第2次世界大戦後73年を経てはじめて、公の場で、遺族会会長からの正式な謝罪がされることとなった。

乙女の碑碑文除幕式　当日の挨拶文

黒川分村遺族会長　藤井宏之

快晴に恵まれました本日、「乙女の碑　碑文除幕式」をご案内いたしましたところ、公私ともに大変お忙しい中をお越しいただきました白川町長 横家敏昭様、県議会議員 加藤大博様を始め多くのご来賓の皆様方にご参列をいただき、誠に有難うございます。また、遺族会の皆様方には本年4月の慰霊祭に引き続き、こうして多くの方々にご参列をして頂き誠に有難うございました。

はじめに本日の「乙女の碑碑文除幕式」に至るまでの経緯等を説明させていただき、最後に私の思いを申し述べさせていただきます。

経緯について

本年4月の慰霊祭終了後の直会の席上で私は「乙女の碑文」を作りたいと声を発しました。その後「乙女の碑文を作ることについて」話し合いをしましたが、当初は賛否両論があり全員の合意には至りませんでした。

5月から8月にかけて黒川開拓団のことが新聞・テレビ等で報道され、一区切りがついた9月頃から当時の乙女として犠牲になられた方々の家庭を訪ね、「乙女の碑文を作ることについての賛否を」本人・家族・兄弟の方々に伺ってまいりました。

私の回った範囲の中では、誰ひとり反対者は無く、逆に感謝の言葉や励ましのお言葉を頂い

乙女の碑碑文除幕式にて
挨拶する藤井宏之さん

て参りました。こうした励ましの言葉を受けて、私たちは正式に碑文の作成準備に取り掛かりました。

幾度となく、会議を開き、先輩の方々や専門家の方々からもご意見を頂き、文章表現を直したり、史実を付け加えたりと皆様のお陰で今日を迎えることが出来ました。

一部の方から、「もう少し時間を掛けてでも良いのでは」とのご意見を頂きました。しかし今回ですら、皆様方にご案内状を差し上げた20日間ばかりの間に遺族会員の方が3名亡くなられました。私どもは、少しでも皆さんがお元気でこの佐久良太神社へお越しいただきたく願い、今日の運びとさせていただきました。しかし、本当はもっと早くに取り掛かるべきであったのではないかとの思いもありますがどうかご理解をいただきたいと思います。

碑文について

（略）碑文については限られたスペースの中ですので言葉足らずの点などあろうかと思います。言葉遣い、表現方法については時代が変われば変化すると思います。時代に合った言葉、付け足す言葉等も今後出てくるでしょう。この碑文はステンレスでできており取り替えることも出来るため、今後も社会に即した表現方法等で更にステップアップした碑文になっていく可

能性もあります。（中略）

（お手元の資料は）昭和56年3月15日に発行されました「ああ 陶頼昭」旧黒川開拓団の想い出の冒頭に書かれている遺族会、二代目会長でありました故榊間正男さんが書き述べておられます発刊のことばを一部抜粋して載せたものです。読ませていただきます。

「いま、こうして思い出を文集にまとめることのできるこの平和な幸せをかみしめるとき忘れてはならないことは、この幸せ、この自由と平和の礎石となってくださった多くの方々の事であります。

特に、私どもの今日あることは、あのうら若い乙女達の奪われた青春の犠牲の上に得られたものであることをしみじみと深く肝に銘じ、犠牲となられた方々のご冥福を心から念じるものであります。」

私は、『ああ 陶頼昭』の発刊の言葉を読んだときに、既に36年前の会長さんが次の世代の者に訴えているのだと気づき、「接待」を強いられた女性の詩や言葉から引用させていただき作らせていただきました。

乙女の碑建立について

昭和56年の夏、第一次白川町訪中団として陶頼昭を訪れた時に、犠牲になられた4名が現地で亡くなられており何か供養する方法はないかと話が持ち上がり、その年の11月に訪中記念碑とともに『乙女の碑』として建立され、翌年の3月14日に除幕されました。

『ああ 陶頼昭』発刊の言葉もあったからこそ乙女の碑が建立されたとも思っております。建立当時は、犠牲になった女性や家族の思いもあり碑文をつくることは出来ませんでした。しかしあれから36年が経った今、残していきたいと言う彼女たちの思いを汲みとり実現すべく決意し本日を迎えました。

黒川開拓団の悲劇について。

昭和20年8月、ソ連軍の侵攻そして敗戦とによって生活は一変してしまいました。働き手の男たちは根こそぎ動員で兵役に取られてしまっていた黒川開拓団は、老人、女、子供だけが残り、ソ連軍や現地住民の襲撃、略奪にただ怯えるだけで、追い詰められた黒川開拓団にも集団自決やむなしの声があがりました。

生きるか死ぬかを選択させられた団幹部は、生きて日本へ帰ることを決意し生き抜くことを選びました。それは、陶頼昭駅に駐留していたソ連の将校に団の警護を依頼し、その見返りに女性を出して「接待」をするという苦しい決断をした上での選択でありました。
数えの18才以上の未婚の女性たちは「嫌だ」とも言えず、団を守る為と自分に言い聞かせ交代で「ソ連軍将校の接待」をさせられました。そうしたことが9月から11月頃まで続きました。

団では女性が接待に出ることによって、不足していた食糧、塩などをソ連軍から得ることができましたが、十分とは言えない食糧による栄養不足と発疹チフスの流行により次々と弱い老人・子供たちは次々と亡くなっていきました。
又、接待の女性たちも十分な医薬品が無いために感染した性病や発疹チフスなどにより4名の方が尊い命を落とされました。

何故このような悲劇が起きたのか

昭和20年8月9日突如のソ連軍の侵攻に対し、関東軍は大連・新京・図們江を結ぶ南側だけ防衛させるため北部満州・西部満州を放棄し部隊を南下させせました。そこに居住する開拓団には何も知らせず、疎開させようともしなかった。自国民である開拓団を守るどころか開拓団員たちをソ連軍侵攻の人の盾として取り残しました。俗にいう「開拓民を見捨てて逃げた」と言われることになった要因であり、このことが黒川開拓団を含め多くの悲劇を生む最大の要因となりました。

生存されている乙女の方々の今は

接待に出ていただいた女性たちは、戦後73年が過ぎた今でも当時のトラウマに悩まされていると聞いております。寝ていても夢に悩まされハット飛び起きることもあるそうです。決してその時の辛さは忘れようにもどうしても忘れることは出来ないと言われました。

言葉を詰まらせながら
スピーチをする藤井宏之さん

遺族会長の思いについて（謝罪について）

国策による移民計画で夢を抱いて満州国へ渡った私たちの親の無念さは、敗戦と同時に国を失い棄民となった開拓団を守らなければならない思いと、そのために我が娘を出さざるを得なかった親の苦しさ悔しさ、そして接待に出て犠牲となっていただいた若き女性たちの取り戻すことのできない奪われた青春と、引揚後の誹謗・中傷をされた長い年月に、今現在の黒川分村四代目遺族会長として誠に罪深い思いをさせてしまったものだと深くお詫び申し上げるとともに大変申し訳ない思いでいっぱいであります。

しかし、犠牲になっていただいた女性たちのお蔭で私たちの親も生きて帰ることが出来ました。そして私どもも現在では家庭を持ち何不自由なく生活が出来ておりますが、集団自決という選択をしていたら家庭も何もありません。犠牲となられた乙女の方々のお蔭であります。感謝の言葉しか見つかりません。

私も当時の助けられた親の子供として、少しでも遺族会の皆様に対して寄り添えるよう、その責務を果たしていきたいと思っております。言葉は十分ではありませんが、既にお亡くなりになられましたすべての皆様方にご冥福を心からお祈りし、後世に黒川開拓団の史実を正しく伝え、二度と黒川開拓団のような悲劇を繰り返さないよう伝え、世界からあらゆる紛争、内戦、戦争が無くなるよう平和の大切さ必要性を伝えていきます事をお誓い申し上げ、遺族会長としての謝罪及び感謝の言葉とさせていただきます。

本日からが私たちのスタートです。

大変、長くなりましたが以上で経過説明並びにご挨拶とさせていただきます。

皆様方　本日は誠に有難うございました。

平成30年11月18日

（原文ママ）

碑文に向かい、
深々と頭を下げる
藤井宏之さん

「『乙女の碑』碑文除幕式に寄せて 感想文集
――私達は伝えなければならない
『二度と繰り返してはならない戦争の悲劇を』」
（旧満州・黒川開拓団 黒川分村遺族会
２０１９年〈令和元年〉９月吉日）より

除幕の瞬間、佐藤ハルエさん
息子・茂喜さん、孫・聖子さん

接待に行った女性を代表して挨拶する佐藤ハルエさん
2018年11月18日除幕式
撮影=川 恵実・三輪ほう子

遺族会会員の孫たち４人が除幕

取材を受ける佐藤ハルエさん、藤井宏之さん

その時代にできることを精いっぱい

碑文建設が難航している中、私は一度、藤井宏之さんに、なぜそこまで一生懸命に碑文を建設するのですか？　とたずねたことがある。

そのとき、宏之さんが答えたことがとても印象に残っている。

「１９８２年に乙女の碑を建設したとき、それはその時代にできる最大限のことを当時の方々はされたと思います。まだ、当事者の方々が生きておられる時代にできる、精いっぱいのことを遺してくれている。今、時代は変わりました。乙女の碑を建設した当時では、そこに『乙女の碑』と刻むことが精いっぱいだったけれど、今は、そこで何が起きたのか、しっかりと碑文を刻んで後世に伝えることが、我々の世代に課せられた責務だと思うんです。

その時代、その時代にできることを精いっぱいやるからこそ、『歴史』は伝えられていくんじゃないかなと思うんです」

それは、日本の真ん中にある岐阜県の、山間にある小さな集落に、たったひとつの碑文が建ったに過ぎないといわれれば、そうかもしれない。

しかし、この碑文には決して忘れ去ってはいけない事実が記されており、そしてそれをなんとか後世に遺そうとした人々の「あの悲しみは二度とくり返してはならない」という時代を超えたメッセージがそこに込められている。

乙女の碑に付設された碑文

乙女の碑

乙女の命と引き替えに　団の自決を止める為　若き娘の人柱　捧げて守る開拓団
次に生まれるその時は　平和の国に産まれたい　愛を育て慈しみ花咲く青春綴りたい

（「接待」を強いられた女性の詩「乙女の碑」より）

『私たちがどれほど辛く悲しい思いをしたか、私らの犠牲で帰ってこれたということは覚えていて欲しい』

（「接待」を強いられた女性の言葉より）

根こそぎ動員で男たちを失った黒川開拓団は、子供、老人、女性たちだけで団を守っていた。しかし、昭和二十年八月の敗戦とともにその生活は一変してしまった。
日本の敗戦を知った現地住民の一斉蜂起とソ連軍の強姦と略奪に残された団員らは幾度となく怯えた。食料も不足していた。近くの開拓団は全員自決にい込まれたとの悲報も届き、いっそう追い詰められた黒川開拓団にも集団自決やむなしの声があがった。生きるか死ぬかを選択させられた団幹抜くことを選んだ。
しかしそれは、陶頼昭駅に駐留していたソ連の将校に警護を依頼しその見返りとして将校を「接待」するという苦しい決断であった。幹部は数えで十八歳以上の未婚の女性たち十五人を集め、「兵隊さんとして行っている人の奥さん方には頼めんで、どうか頼む」として、ソ連軍将校に対する「接待役」を強いた。
女性たちは逃げたかったが、団全体の生死が関わる事態に「嫌だ」とは言えず、交代でソ連軍将校の相手をさせられた。ソ連軍の駐留した十一月頃まで「接待」は続いた。

2018年11月18日
乙女の碑に付設された碑文
（原文ママ）

女性たちは、性病や発疹チフスへの感染を防ぐため、医務室で「手当」を受けた。

しかし、充分な医薬品が無いために感染した四人が現地や引き揚げの途中で次々と亡くなってしまった。生きて帰れた女性たちも日本への引き揚げ後も、恐怖は脳裡に焼きつき、そのうえ中傷もされた・・・。そしてこのことは戦後長く語られることはなかった。

昭和五十六年、遺族や元団員による慰霊団が旧満州を戦後初めて訪れ、「接待」の犠牲になって現地で命を落とした女性四人を慰霊しようと話が持ち上がり、翌年三月十四日遺族会の浄財で「乙女の碑」を建立・除幕された。当時は犠牲になった女性や家族の思いもあり、碑文をつくることはできなかった。あれから三十六年がたち、私たちは後世に史実を伝えるため、今ここに「碑文」をつくることに決意した。

戦後七十三年が経過した今、私たちの平穏で幸せな暮らしは、黒川開拓団を救ってくれた貴女たちの奪われた青春の犠牲の上に得られたものであることを、あらためて深く胸に刻みます。

「二度と繰り返してはならない悲劇」私たちは後世に黒川開拓団の史実を正しく伝えるとともに、世界からあらゆる紛争、内戦、戦争が無くなるよう平和の大切さを伝えていきます。

平成三十年十一月十八日　旧満州黒川開拓団・黒川分村遺族会

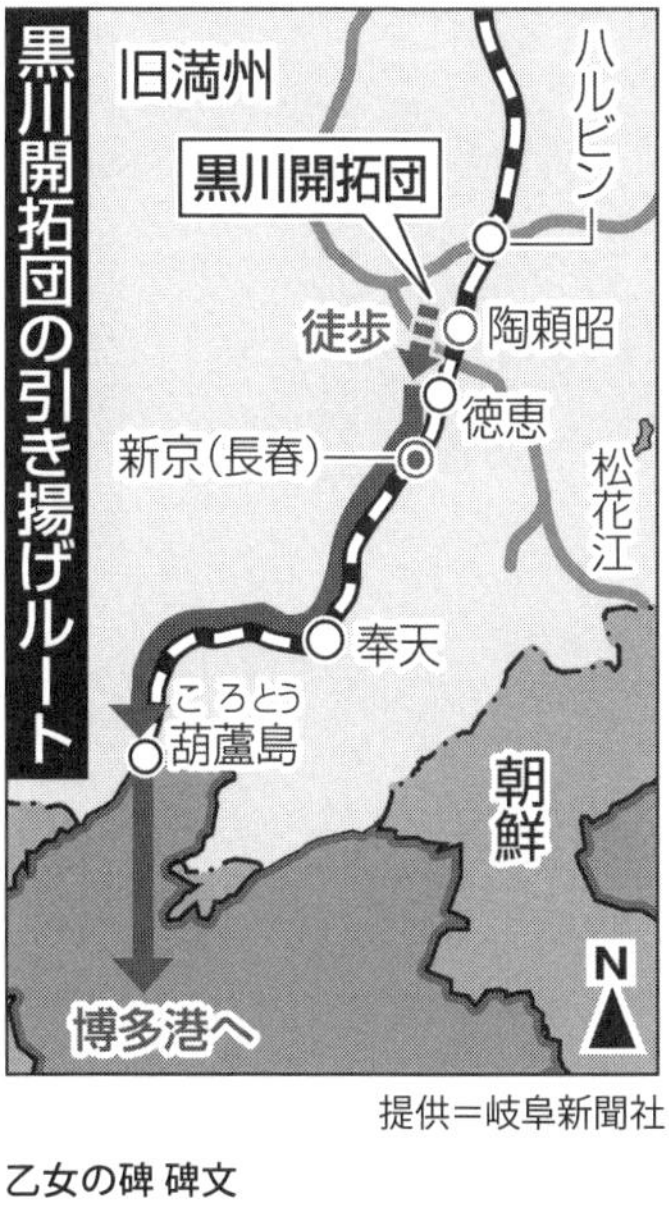

提供＝岐阜新聞社

黒川開拓団とは

昭和十一年八月、広田弘毅内閣は「満州農業移民百万戸移住計画」を重要国策として決定、昭和十二年以降、二十年計画百万戸五百万人の日本農業移民の大量送出計画を策定した。そして昭和十三年には分村移民方式を導入、疲弊している農村部へ推し進めた。

昭和十四年、当時黒川村村長は県議会議員も兼ねていた藤井紳一氏であった。村の総面積の九割を山林が占め、痩せた段々畑と傾斜の強い田圃で米、麦と養蚕を主体とした農業は、村全体の食糧自給に不足し、世帯およそ八百、人口四千弱のこの貧弱な村の将来を憂いた。藤井氏はかつて県議会議長も務めた政治家でもあったことからいち早く国・県の施策の方向を覚り、多少とも有利に村の前途を資せんと、黒県が推進する八百戸の満州移民計画にのっとり、黒川村に百五十戸の分村計画を立て推し進めようとした。

昭和十五年十一月、移民目標達成を前提として四人が現地（扶余県陶頼昭）を視察した。

その後も村では、毎晩のように満州移民計画の会合が開かれたが、目標戸数には程遠い八十五戸がやっとであった。そのため当時、経済状態が同じようであった佐見村へも働きかけて佐見村で三十八戸、その他で六戸出来、総計百二十九戸・総数六百余人の満州開拓移民団が結成された。昭和十六年三月、黒川村として設営班五人を組織し現地設営に踏み切る。猟銃、刀を所持して陶頼昭へ到着したが現地の買収は終わっていなかった。満州開拓総局などと交渉し、ようやく四月三日現地へ足を踏み入れることが出来た。その連絡を受けて、四月十七日先遣隊として二十人が出発した。

その後、昭和十七年三月、本隊第一陣二百十七人、昭和十八年本隊第二陣、昭和十九年三月本隊第三陣が出発。黒川開拓団として体制が整ったのはこの年の四月であった。

入植地陶頼昭は、作物は良く育つ大変肥沃な土地であった。しかしすでに開墾してある土地、住まいを現地住民から安く買い上げ、それは半ば強制的に買い上げたものだった。そのため開拓団は侵略者と見なされ反満抗日ゲリラの襲撃対象とされた。

黒川開拓団は現地中国人の言葉を覚えて友好的な関係づくりを目指していたが、昭和二十年に入ると、根こそぎ動員で主力の男たちが召集されたためか、不穏な空気が周辺に漂い始めていた。八月九日ソ連が満州へ侵攻してきた。そして敗戦。武器を持たない開拓団は恐怖に怯えた。黒川開拓団は旧本部と本部の二か所に集まり集団生活を始めた。それでも止まない襲撃からの不安と不足する食糧の確保に生きるか死ぬかを選択させられた団は、生きて日本へ帰ることを決断した。

しかし、充分な食糧が足り無い中、食糧不足による栄養不足と発疹チフスによって、弱い子供、老人たちが次々と亡くなっていった。翌昭和二十一年五月、情報収集のため出発した先遣隊が戻らないまま、八月十三日引き揚げが始まっているとの情報を得た本隊は、陶頼昭を離れ、松花江に架かる鉄橋が落とされていたため、雨の中を歩き通し二晩野宿して松花江を船で渡ることが出来た。そして更に線路沿いを歩き続け、やっとの思いで徳恵駅に辿り着き、新京（現長春）行の汽車に乗ることが出来た。この間、四泊五日の野宿、強行軍の逃避行は人間としての窮極、疲弊は頂点に達した。その後、新京では第一陣が昭和二十一年八月に出発、第二陣は難民として九月に出発し、葫蘆島より博多港に向けて出発。その年の十月七日の生還者をもって引き揚げ終了となった。陶頼昭を出発して郷里の土を踏む迄の間一か月余りに二十七人の犠牲者を出した。黒川開拓団は六百六十二人の内二百八人が死亡、残留孤児三人を中国に残し、再び故郷の土を踏んだのは四百五十一人、黒川開拓団の五ヶ年に及ぶ長い旅は終わった。

一部岐阜県満州開拓史参照

で、練度、装備、士気などあらゆる点で以前よりはるかに劣っており、満州防衛に必要な戦力量には至っていなかった。その実力を知る関東軍首脳は、ソ連軍侵攻の場合には大連〜新京〜図們江を結ぶ南側だけを防衛することにした。北部満州、西部満州の実質的な放棄であり、関東軍はそこに居住する開拓団には知らせなかったし、疎開させようともしなかった。1945年8月9日、ソ連は日ソ中立条約を一方的に破棄し対日参戦。満州に侵攻してきたソ連軍に対し、10日大本営は朝鮮防衛と司令部の移転を命じた。14日、関東軍司令部は通化に移転。これによって関東軍は「開拓植民を見捨てて逃げ出した」と後に非難されることとなった。圧倒的な兵力と火力を持つソ連軍は、猛烈な勢いで満州の中枢部を進撃し続け関東軍は後退、そして敗戦。守るべき関東軍がいなくなった開拓民は、相次ぐソ連兵による略奪・暴行にさらに苦難にさらされた。地方の開拓民だけでなく新京などにいた商人や一般人さえも終戦の事実は知らされず取り残された。このことが多くの悲劇を生む要因となった。

■満蒙開拓の苦難と実態とは

当初の目的は、農村恐慌に喘ぐ内地農村の救済と開拓民に満州国の治安維持と対ソ連戦に備える屯田兵の役割を担わせることである。移民数は全国では約27万人とも32万人とも言われている。最も多いのが長野県37,859人、岐阜県は7番目で12,090人。入植地の6割は、漢人や朝鮮人が開墾した土地を強制的に安く買い上げたものだった。多くの開拓団はソ連(ロシア)国境沿いに配置され、満州の権益を争うソ連や、抗日勢力に対して『人の盾』とする目的があったとされる。昭和20年満州にも根こそぎ動員態勢が敷かれ25万人が召集される。男手を奪われた開拓村に8月9日突如のソ連軍が侵攻。女子供は逃避行の過程で病気や戦闘、地元民による襲撃、そして集団自決により8万人が死亡。1万人の残留孤児や残留婦人を後に、日本へ帰国できた者は11万人余りだったと言われる。

いつまでも平和がつづきますように

■満州国と「五族協和」「王道楽土」とは

満州国は、満州事変を機に生まれ、太平洋戦争終結にともない消滅した「国家」である。存続期間は、昭和７年（1932）3月1日から昭和20年8月18日までの13年5ヶ月。現在の遼寧省、吉林省、黒竜江省の東北三省に内蒙古の東北部を加えたエリアにあたる。面積は、約23万3400㎢、今の日本のおよそ３倍で、北海道と同じ湿潤大陸性気候であり、夏は暑く、冬は長く厳しく続く。国旗は黄色地の左肩に赤、青、白、黒の横線を配した「新五色旗」、首都は新京（現在の長春）、国是は「五族協和」「王道楽土」日本人、漢人、満州人、朝鮮人、蒙古人の五族が協和しあい、儒教の仁で統治する「王道」によって、理想の国として楽土を築こうというスローガンである。

しかし、現実は日本の武力侵略であり、傀儡国家を正当化するための大義名分に過ぎなかった。入植地は武力を背景とした強制接収であり、一部を除き「開拓」とは名ばかりの既墾地であり、そこは協和すべき人たちが直前まで住んでいた家屋であった。

■関東軍は自国民を守る軍隊ではなかったのか

日露戦争でロシアを破った日本は、長春から旅順を結ぶ東清鉄道南部支線（後の満州鉄道）を譲り受け、鉄道１㎞ごとに15名以下の守備兵を配置する権利を認めさせた。兵の総計は2万4400人以下であった。その後ソ連軍の脅威が認識されたことなどにより関東軍は漸次増強され、1937年の日中戦争勃発後は、続々と中国本土に兵力を投入し、1941年には一時的に関東軍は74万人以上に達した。太平洋戦争の戦況が悪化した1943年以降、重点は東南アジア（南方方面）に移り、関東軍は戦力を抽出・転用された。その埋め合わせに1945年になると在留邦人及び開拓移民を対象にいわゆる「根こそぎ動員」で25万人を召集し、7月末までに兵員78万名、飛行機230機をそろえた。だがこれらの部隊は「張子の虎」

この史実を語り継ぐために

満蒙開拓平和記念館 館長　寺沢秀文

内なる加害

「満蒙開拓」は日中双方を含め多くの犠牲を出した歴史であるも、そこでは「被害」と「加害」とが立場を入れ替えつつ多くの犠牲を出してしまった史実でもあった。日本人開拓団の悲しい「被害」とともに存在した「加害」、そこには現地の人々等に対する「外なる加害」だけでなく、実は身内等に向けての「内なる加害」をも生み出してしまっていた。自ら手にかけざるを得なかった「集団自決」、あるいはさまざまな事情の中で結果として現地に置き去りにされた多くの日本人残留孤児たち、そしてこの黒川分村での女性たちのような出来事も「満蒙開拓」の悲しい結末であった。

もちろん、「集団自決」にしても、黒川分村の女性たちのことにしても、当時の極限状態の中で、その時点ではそれが「選び得る最後の手段」としてやむを得ず選択せざるを得なかった道なのであろうと思う。今の平和な時代の中で安穏と生きる我々がそのことに対していろいろと言う資格もないし、また当時の当事者のみなさんの判断等を責めることなどもできようはずもない。

しかし、ひとつだけ言えること、そして私たちにできること、やらなくてはならないこと、それは今の時代を担う者の務めとして、そのような悲しい出来事を二度とくり返さないようにすること――そのひと言に尽きる。では、くり返さないためにはどうしたらよいのか。それにはやはり、辛いことであっても、その悲しい酷い事実を知り、なぜ、そのようなことが起きてしまったのかという道筋を明らかにし、そして、二度と同じ道を歩まないように、二度と悲しい犠牲者を出さないようにしていくこと――それが多くの犠牲者に対する鎮魂であり、慰霊であり、償いであると思う。

女性たちの苦難と覚悟

黒川分村で起きてしまったような女性たちの苦難は、形は違いこそすれ、当時の満州では他でもたくさん起きていた。語られることなく闇に葬られた同じような悲しい出来事が数多くあった。たとえば、ある方の体験談によれば、旧満州の某市にあった開拓団の人々の避難民収容所での出来事として、ソ連軍将校のための慰安婦を出せと要求され、何人かの若い女性たちをくじ引きで選び、ソ連軍将校のところに泣く泣く送られていくのを実際に見たという。あるいは、私の両親がいた開拓団でも、ソ連軍侵攻後、開拓団に対してソ連兵からの女性の提供の要求があり、誰が行くのか困っていたところ、たまたま居合わせた日本兵の若い妻が「私が行きます」と犠牲となって行ってくれたという話も聞いている。

その頃の満州はそういった場所であり、時代でもあった。戦争は言うまでもなく「狂気」である。平和な時代ならば起きるはずがないようなことが、あたりまえのように起きてしまうのが「戦争」である。だからこそ、戦争はしてはならない。軍人だけでなく民間人や弱い者も犠牲になるのが戦争である。犠牲となってしまった人々のためにも、そして、次代を生きる若い人たちが二度と同じような目に遭うことがないように、私たちはこの史実にしっかりと向き合わなくてはならない。

もちろん、言うことはたやすいことであり、それを実行に移すには多くの勇気や覚悟が必要である。しかし、その辛い体験をあえて話してくださった佐藤ハルエさんや安江善子さんらの思い――それは二度と自分たちのような悲しい思いをする人が出るような世の中にしてほしくないという願い、覚悟であり、私たちはそれを決して無駄にしてはならない。

信頼と団結の中で語る

今は亡き安江善子さんが公の場でその辛い思い出を語ってくれたのが、2013年に開館して間もないわが満蒙開拓平和記念館での「語り部の会」においてであった。黒川分村遺族会のみなさんは藤井宏之会長はじめ、当記念館が開館するよりもかなり以前から、現在、記念館の建つ長野県阿智村の地を何度も訪問され、我々と交流を重ねてこられた。

そしてその中で、満蒙開拓の「被害」だけでなく「加害」にも向き合い、満蒙開拓の喜びも悲しみもそのすべてを語り継いでいこうとする当記念館の姿勢をご理解いただき、信頼感をおもちいただいた中で、安江さんも「ここでなら話そう」との思いからお話しくださったのであろうと思う。

何よりも、辛い歴史であってもそのことにしっかりと向き合っていこうとする黒川分村遺族会の強い思い、団結、その信頼があってこそでもあったと思う。その「語り部の会」の折、司会進行を務めていた私も、それまで人づてには聞いていたことではあったものの、実際にその体験者のご本人からそのことが語られたことに、正直衝撃を受けたしだいであった。

安江さんは、驚くほどに淡々と話してくださっていた。そこに至るまでには多くの苦悩、困難があり、それでも「このことは話しておかなくてはならない」との固く強い決意の下に話してくださったのであろうと思う。全国で唯一の満蒙開拓に特化した記念館として8年もの紆余曲折を経て、民間運営として開館したことの意義、成果を改めて確認できた機会でもあった。

満蒙開拓の史実から学ぶもの

改めて思うことは、なぜこのような悲しく酷いことが起きてしまったのかということである。そこにはやはり国策として送り込まれた「満蒙開拓」の実態が大きく影を落とす。旧満州を実質的に日本人の支配する場所とするために、そして、北のソ連や現地での抗日活動等に対する「人間の防波堤」として国防の一端を担わせるために、「開拓」と称して貧しい農民らをこの地に送り込んでいった。

「開拓」とは言いながらも、その多くは、その地に暮らす人々の農地や家を実質的に奪ってのものであった。平和で豊かな生活を夢見て渡っていった開拓団の人々ではあったが、しかし現地の人々から見れば、残念ながら侵略の加担者でしかなかった。

そして、その行き着いたところが敗戦、そして襲撃、逃避行へと追い込まれ、開拓団は現地に置き去りにされ、多くの犠牲を出すこととなった。黒川分村の乙女らの悲劇も、その挙げ句にのことであった。

もちろん、「国策」であったからと、それで片づけることはできない。たとえ国策であっても、「おかしいことはおかしい」と感じかつ、言える賢い国民であり、そういった国でなくてはならない。当時の時代背景・社会はそういったことに抗《あらが》うことの困難な時代でもあった。再びそのような社会に、時代にしないようにするためには、国民自身が強く、賢くならなくてはならない。それが、満蒙開拓の史実から学ぶ教訓でもある。

史実に向き合い、歴史を遺す

また、満蒙開拓団を「万歳」で送り出しながら、戦後引き揚げてきた人々に対しては手の平を返したような場面も少なくなかった。引揚者の中には佐藤ハルエさんらのように、それまで手の入っていなかったような山間辺地等に入り、今度こそ本当の開墾の苦労をした人たちも少なくなかった。戦後すぐに政府は「緊急開拓事業」をうたい、全国の辺地等に新たな開拓地を造らせたが、ここに入った人たちの中には厳しい生活環境等に耐えきれず離農、離村していった人々も数多くあった。

こういった満蒙開拓にまつわる多くの事実等は戦後、あまり語られてこなかった史実でもある。現地で亡くなられた人々等も含めて、多くの人々の人生を狂わせてしまったこの「満蒙開拓」とは、いったい何であったのか――私たちはこの史実にきちんと向き合い、犠牲となられた多くの人々の思い等にも向き合っていかなくてはならない。そのことが、今を生きる私たちに問われてもいる。勇気をもって強い決意で辛い思い出を話しくださったハルエさん、善子さんらの思いと覚悟を私たちはきちんと受けとめていかなくてはならない。

あまりに辛いことの多かった満蒙開拓の史実は、語ることも辛い歴史でもある。当記念館での語り部の会では、集団自決の手伝いをせざるを得なかった元開拓団員の中には、「二度と悲しい犠牲を出さないためには」と、今も辛い記憶を語り続けてくれているご老人などもおられる。こういった悲しい史実に関わらざるを得なかった人々の複雑な思い等にも心を配りつつ、私たちは史実に向き合い、できる限りのことをしていかなくてはならないと改めて思う。

その意味においても、こういった史実に向き合い、これを世に遺し問うていこうと尽力され、映像や書籍として残されてきた川 恵実さんはじめ、NHKスタッフのみなさんの思いと取り組みに対して、惜しみなく賞賛と感謝の思いを届けたい。文中で、川さんの取材に対して、佐藤ハルエさんが、「だってあなた、世の中に伝えることができる人でしょう」と語られたことは、報道の意義と真髄を問うているものであり、それを実践されている川さんらに改めて敬意を表したい。

そして、改めて佐藤ハルエさん、安江善子さんら乙女たちの、多くの苦難の中にもたくましく生きてこられた人生に敬意を表し、感謝、慰労、謝罪の思いを届けたい。

■満蒙開拓・黒川開拓団関係略年表

作成＝川恵実・NHK ETV特集取材班

参考：本書引用・参考資料、満蒙開拓平和記念館『満蒙開拓平和記念館（図録）』2015年

西暦	年号	
1905	明治38年	日露戦争終わる
		日本、満州での権益（租借地・南満州鉄道）を得る
1906	39年	南満州鉄道株式会社設立
1910	43年	韓国併合
1912	大正元年	中華民国政府樹立
		清朝滅亡
1915	4年	日本、中国に二十一か条の要求
1922	11年	ソビエト社会主義共和国連邦成立
1925	14年	治安維持法公布
1928	昭和3年	張作霖爆殺事件
1929	4年	世界恐慌始まる
1931	6年	柳条湖事件勃発、満州事変

1932	昭和7年	「満州国」建国宣言　リットン調査団満州へ 第1次試験移民（弥栄村開拓団）
1933	8年	国際連盟「満州国」不承認決議　日本、国際連盟脱退を通告
1934	9年	土竜山事件勃発（抗日農民蜂起） 第1次試験移民の「大陸の花嫁」満州へ
1936	11年	二・二六事件　陸軍青年将校ら政府要人を暗殺 広田弘毅内閣「満州農業移民二十ヶ年百万戸送出計画」決定
1937	12年	盧溝橋事件勃発　日中戦争始まる 中国抗日民族統一戦線結成 満洲拓植公社設立
1938	13年	国家総動員法公布 満蒙開拓青少年義勇軍渡満開始
1939	14年	第2次世界大戦始まる **11月　黒川村より4氏が現地視察**
1940	15年	アメリカ　対中支援を決定、日独伊三国同盟締結　大政翼賛会結成
1941	16年	4月　日ソ中立条約調印 **黒川村より先遣隊が陶頼昭へ入植**

		12月　太平洋戦争始まる
1942	17年	ミッドウェー海戦 **安江善子さん・藤井恒さん・安江カツルさん・安江菊美さん・山本みち子さん一家を含む黒川開拓団第一陣217人が入植**
1943	18年	**佐藤ハルエさん一家を含む黒川開拓団第二陣が入植**
1944	19年	サイパン島陥落 **曽我甲子朗さん一家を含む黒川開拓団第三陣が入植**
1945	20年	開拓団成人男性「根こそぎ動員」 2月　ヤルタ会談 3月　東京大空襲 5月　ドイツ降伏 6月　沖縄、日本軍の組織的戦闘が終わる 7月　ポツダム会談 8月6日　広島に原子爆弾投下 9日　長崎に原子爆弾投下 9日　ソ連対日参戦　満州へ侵攻 **14日　日本政府は「居留民は出来得る限り定着の方針を執る」とする**

1945	昭和20年	黒川開拓団の隣、九州・来民開拓団（270名）集団自決 ソ連軍新京へ侵攻　陶頼昭の駅にもソ連軍がやってくる 黒川開拓団に幾度となく現地住民からの「襲撃」がくり返される 9月　ソ連兵らが黒川開拓団を襲撃から守る 9月頃〜　黒川開拓団によるソ連兵への「接待」が始まる 12月　黒川開拓団は寒さをしのぐために穴倉を掘って生活を続ける
1946	21年	3月　ソ連軍撤退開始 5月　陶頼昭からソ連軍が撤退 佐藤ハルエさんの父・長太郎さんが発疹チフスで亡くなる 安江善子さんら20数名が先発隊として陶頼昭を出発 8月13日　黒川開拓団全員、陶頼昭を出発 共産党軍と国民党軍による国共内戦 9月8日　安江善子さんきょうだいが帰国 23日　佐藤ハルエさんら開拓団一行が帰国
1947	22年	10月　黒川村に引き揚げ厚生会設立
1949	24年	中華人民共和国成立 佐藤ハルエさん、蛭ヶ野開拓に。その後結婚し酪農を始める

1952	27年	山本みち子さん、八路軍の従軍看護婦として留用された後に帰国
1961	36年	現地で亡くなった開拓団員を偲んで、黒川村に招魂碑が建立される
1981	56年	残留孤児訪日調査開始 3月　黒川分村遺族会、開拓団体験記『あゝ陶頼昭』発行 6月　第1次白川町友好訪中団26名が陶頼昭を訪問。黒川に訪中墓参記念碑建立
1982	57年	3月　黒川に乙女の碑を建立・除幕
1983	58年	元黒川開拓団で、中国残留孤児となっていた2名が来日
1984	59年	陶頼昭国民学校高等科2年生17名に卒業証書授与（40年ぶりの卒業式）
1999	平成11年	松原市青少年訪日団来日　陶頼昭より6名の青少年が黒川でホームステイ
2000	12年	第1回白川町青少年訪中団　黒川より7名の中学生が陶頼昭でホームステイ
2004	16年	陶頼昭に友好の碑を建てる
2012	24年	この頃、陶頼昭の友好の碑が壊される
2013	25年	満蒙開拓平和記念館開館　語り部の会で、佐藤ハルエさん、安江善子さん語る
2018	30年	乙女の碑に「碑文」が付設される
2019	令和元年	7月　第10次白川町友好訪中団16名が陶頼昭を訪問 黒川分村遺族会「『乙女の碑』碑文除幕式に寄せて 感想文集」発行
2020	2年	4月25日　2年に1度の旧満州・黒川開拓団 黒川分村遺族会慰霊祭（予定）

★ＮＨＫ　ＥＴＶ特集「告白〜満蒙開拓団の女たち〜」及び本書の制作にあたり、お力添えくださったみなさまに、心よりお礼申し上げます。

取材協力：旧満州・黒川開拓団 黒川分村遺族会／満蒙開拓平和記念館
写真提供：ＮＨＫ／満蒙開拓平和記念館／岐阜県郡上市たかす開拓記念館
八木正司さん／佐藤ハルエさん／安江愼吾さん・安江泉さん／鈴村ひさ子さん／山本みち子さん／曽我甲子朗さん／井戸虎次さん／藤井恒さん／安江カツルさん／安江菊美さん／藤井宏之さん／古田幸吾さん／藤田健治さん
旧満州・黒川開拓団 黒川分村遺族会

心に刻む言葉

最後に、佐藤ハルエさんの言葉を記したいと思う。
「あれは難関の一瞬のことであり、そしてこうやって帰れたんだから。
あのとき、たくさん死んでしまった人は悲しい思いばっかりですけど、
私らはこうして帰ってきて、いろいろな喜び、悲しみ、今まで生きてきたんです。
伝えてほしいと思います。
そういうことがあって、生きてきたんだ。
尊いことですよ。
ほんな、平和平和できたんじゃないんだ。死ぬか生きるか。
本当に殺されそうになったりして、みんなが引き揚げてきて、今があるんだ」

2020年、戦後75年の春に

川 恵実

佐藤ハルエさんご家族
岐阜県郡上市・ご自宅の庭にて

藤井宏之さんご家族
岐阜県白川町黒川・ご自宅にて

鈴村ひさ子さんご家族
岐阜県中津川市・ご自宅前にて

藤井 恒さん
岐阜県白川町黒川・ご自宅前にて

安江菊美さんご家族
愛知県一宮市・娘さんご夫婦のご自宅前にて

安江カツルさんご家族
岐阜県白川町黒川・ご自宅にて

古田幸吾さん
岐阜県白川町黒川・ご自宅前にて

安江善子さん（故人）ご家族
岐阜県大垣市・ご自宅前にて

NHK ETV特集「告白～満蒙開拓団の女たち～」

■番組紹介

2017年8月5日(土)、NHK Eテレにて放送した60分間のドキュメンタリー番組。戦後70年を経て語られた重い事実に、多くの反響が寄せられた。第38回地方の時代映像祭 放送局部門選奨、第51回アメリカ国際フィルムビデオ祭 ドキュメンタリー部門：歴史カテゴリー ゴールド・カメラ賞、第54回シカゴ国際テレビ賞テレビ部門：ノンフィクション 銀ヒューゴ賞など受賞し、国内外から関心を集めた。

■制作スタッフ・取材協力

語り　余 貴美子
朗読　糸 博

資料提供
　日本青年館
　新天社
　ロシア国立映像写真アーカイブ
　ロシア連邦国防省中央アーカイブ
取材協力
　満蒙開拓平和記念館
　旧満州・黒川分村遺族会
　白川町立 黒川中学校
　白川町立 佐見中学校
　岐阜県 白川町役場
　猪股祐介
　山本めゆ

撮影　小田中秀彰
映像技術　徳久大郎
音声　秋谷政和
　河西 堅
音響効果　細見浩三
編集　小松卓郎
リサーチャー
　カーティナ・マリア
取材　岩本善政
ディレクター　川 恵実
　夫馬直実
制作統括　伊丹 晃
　増田秀樹
　塩田 純
制作著作　NHK 岐阜放送局
　NHK 名古屋放送局
　NHK 制作局文化福祉番組部

■引用等資料

安江善子「短歌集」１９４６年（昭和二十一年）
曽我久夫『手記 中華人民共和国東北省乃三年間』１９６５年
山本みち子（仮名）「ノート」
岐阜県開拓自興会編『岐阜県満洲開拓史』１９７７年
黒川分村遺族会『あゝ陶頼昭 —— 旧黒川開拓団の想い出』１９８１年
岐阜県白川町『白川町広報誌』（昭和57年3月号）１９８２年
安江善子「乙女の碑」１９９０年
白川町老人クラブ連合会『福寿草』２０１６年
旧満州・黒川開拓団 黒川分村遺族会「『乙女の碑』碑文除幕式に寄せて 感想文集 —— 私達は伝えなければならない『二度と繰り返してはならない戦争の悲劇を』」２０１９年
満蒙開拓平和記念館所蔵映像「安江善子さん語り部の会講演」２０１３年11月9日
満蒙開拓平和記念館所蔵映像「安江善子さんインタビュー」２０１５年1月20日
安江善子さん音声テープ「姉の声」鈴村ひさ子さん・安江泉さん提供

■主な参考資料

安江春江（佐藤ハルエ）「日誌帳」１９４９年頃

満洲開拓史刊行会編『満洲開拓史』１９６６年

白川町誌編纂委員会編『白川町誌』１９６８年

旧黒川開拓団 白川町農業友好訪中団『陶頼昭を訪ねて』１９８１年

長野県開拓自興会満州開拓史刊行会『長野県満州開拓史 総編』１９８４年

部落解放同盟熊本連合会編『赤き黄土　地平からの告発　来民開拓団』１９８８年

杉山 春『満州女塾』新潮社　１９９６年

岐阜県拓友協会『岐阜県拓友協会の記録』２００４年

満蒙開拓平和記念館『証言――それぞれの記憶』２０１３年

満蒙開拓平和記念館『満蒙開拓平和記念館（図録）』２０１５年

旧黒川開拓団 白川町農業友好訪中団『陶頼昭を訪ねて――第９次白川町訪中団　感想文集』２０１７年

満蒙開拓平和記念館『満蒙開拓民入植図』２０１９年８月制作

中山隆志『ソ連軍進攻と日本軍　満州――１９４５・８・９』国書刊行会　１９９０年

半藤一利『ソ連が満洲に侵攻した夏』文春文庫　２００２年

二松啓紀『移民たちの「満州」——満蒙開拓団の虚と実』平凡社新書　２０１５年
新海　均『満州集団自決』河出書房新社　２０１６年
加藤聖文『満蒙開拓団——虚妄の「日満一体」』岩波現代全書　２０１７年
上野千鶴子他編『戦争と性暴力の比較史へ向けて』岩波書店　２０１８年
猪股祐介「試行錯誤の村づくりに学ぶ蛭ヶ野の戦後開拓の意義」郡上市編『郡上学』5号　２０１０年
山本めゆ「生存者（サヴァイヴァー）の帰還——引揚援護事業とジェンダー化された〈境界〉」公益財団法人 東海ジェンダー研究所『ジェンダー研究』第17号　２０１５年2月28日発行
山本めゆ「戦時性暴力の再‐政治化に向けて——『引揚女性』の性暴力被害を手がかりに」
日本女性学会『日本女性学会』22号　２０１５年3月発行　新水社
猪股祐介「ホモソーシャルな戦争の記憶を越えて——『満州移民女性』に対する戦時性暴力を事例として」軍事史学会編集『軍事史学』第51巻第2号（特集：戦争と記憶）２０１５年9月 錦正社
槙かほる「いま語る戦場秘話　満州開拓団・処女たちの凄春」『宝石』（終戦特集：いま語る戦場秘話）光文社　１９８３年9月号
平井美帆　取材・文・撮影　シリーズ人間№.２２９０「満蒙開拓団　いま明かされる悲劇　忘れたいあの陵辱の日々　忘れさせない乙女たちの哀咽」『女性自身』光文社　２０１６年10月4日号

•プロフィール•

川 恵実［かわ・めぐみ］

ＮＨＫディレクター。1989年生まれ、同志社大学社会学部在学中からドキュメンタリー制作を始める。卒業後、映像制作会社 テレビマンユニオンに参加。

2015年よりＮＨＫに移籍し、岐阜放送局に3年間赴任する。

ＥＴＶ特集「告白～満蒙開拓団の女たち～」は、岐阜放送局時代に取材し制作。

現在は、ＮＨＫ制作局第2制作ユニットにて、番組制作に携わる。

夫馬直実［ふま・なおみ］

NHKディレクター、2003年入局。NHKスペシャル「"あの子"を訪ねて～長崎・山里小学校 被爆者の70年～」「知られざる衝撃波～長崎原爆・マッハステムの脅威～」（放送文化基金賞）、BS1スペシャル「暗号名チューブ・アロイズ～原爆投下・秘められたチャーチルの戦略～」などを制作。

名古屋局勤務を経て、現在はNHK制作局第2制作ユニットにて番組制作に携わる。

田中佳奈［たなか・かな］

フォトグラファー。国内やアジア、アフリカを旅した学生時代を経て、自然豊かな地域で文化のある暮らしをすることに目覚める。2015年に岐阜県郡上市に移住。

2018年に出張撮影サービス「百穀レンズ」を立ち上げ、家族写真の撮影や暮らしぶりを残すライフスタイル撮影などを生業にする。

百穀レンズ ホームページ　https://www.itoshiro.life

告白　岐阜・黒川 満蒙開拓団73年の記録

2020年 3月31日　第1刷発行

著　者 川 恵実
　　　　ＮＨＫ ＥＴＶ特集取材班
発行者 竹村正治
発行所 株式会社　かもがわ出版
　　　　〒602-8119　京都市上京区堀川通出水西入
　　　　TEL 075-432-2868　FAX 075-432-2869
　　　　振替　01010-5-12436
　　　　ホームページ　http://www.kamogawa.co.jp
印刷所 シナノ書籍印刷株式会社

ISBN　978-4-7803-1047-4　C0036